COMMUNICATE
IN
A CRISIS

危机公关

【英】凯特·哈特莉（Kate Hartley）/著
纪春艳　张　丽/译

中华工商联合出版社

图书在版编目(CIP)数据

危机公关 / (英) 凯特·哈特莉著；纪春艳，张丽译. -- 北京：中华工商联合出版社，2022.2
书名原文：Communicate in a Crisis
ISBN 978-7-5158-3275-3

Ⅰ.①危… Ⅱ.①凯… ②纪… ③张… Ⅲ.①企业管理-公共关系学 Ⅳ.①F272.9

中国版本图书馆CIP数据核字（2021）第 271946 号

© Kate Hartley[2019]
This translation of Communicate in a Crisis by Kate Hartley is published by arrangement with Kogan Page.

北京市版权局著作权合同登记号：图字01-2021-7254

项目合作：锐拓传媒 copyright@rightol.com

危机公关

作　　者：	[英] 凯特·哈特莉
译　　者：	纪春艳　张　丽
出 品 人：	李　梁
责任编辑：	李　瑛　李红霞
排版设计：	水日方设计
责任审读：	李　征
责任印制：	迈致红
出版发行：	中华工商联合出版社有限责任公司
印　　刷：	北京毅峰迅捷印刷有限公司
版　　次：	2022 年 3 月第 1 版
印　　次：	2022 年 3 月第 1 次印刷
开　　本：	710mm×1020mm　1/16
字　　数：	200 千字
印　　张：	14.75
书　　号：	ISBN 978-7-5158-3275-3
定　　价：	68.00 元

服务热线：010—58301130—0（前台）
销售热线：010—58302977（网店部）
　　　　　010—58302166（门店部）
　　　　　010—58302837（馆配部、新媒体部）
　　　　　010—58302813（团购部）
地址邮编：北京市西城区西环广场 A 座
　　　　　19—20 层，100044
http://www.chgslcbs.cn
投稿热线：010—58302907（总编室）
投稿邮箱：1621239583@qq.com

工商联版图书
版权所有　侵权必究

凡本社图书出现印装质量问题，请与印务部联系。
联系电话：010—58302915

前 言
FOREWORD

当凯特邀请我给她的书写前言的时候,我的脑海中冒出一个疑问:这个世界真的需要另一本有关危机公关的书吗?

然而,在读过这本书后,这个疑问的答案是:是的,这本书是我们需要的。凯特跳出传统的过程主导方式,写出了在现在的市场环境下非常具有参考价值的书。

谈到危机公关,我们不免回到"危机"这个词的字面意思上。这个词会让人联想到蒙克的《尖叫》。其实,"危机"这个词来自希腊语krisis,含义是疾病中的转折点。这个转折点预示着康复或者死亡。换句话说,如果应对得当,一场真正的危机能够带来多大风险,就会带来多大机遇。

《危机公关》这本书提供的方法不同以往,却是各位长期以来最需要的。同时,在这个充满不确定与紧张气氛的全球环境背景下,似乎没有比"危机"一词更能够形容我们所处的时代了。

与此同时,几乎有关任何话题的讨论与观点都变得极其分化与尖刻。消费者对政府部门以及企业机构的行为非常敏感,不容许其有一丝一毫的隐瞒,要求真实与透明化。传统的官僚主义方法经常不能满足消费者的诉求,这导致各类机构的信誉降到了最低点。

各位读者作为商业领导以及公关行业的业内人士必须要适应这样的新常态。这也是《危机公关》这本书的价值所在。这么说主要是因为现有的危机应对方式过于被系统、流程和规章制度所局限。需要澄清的是，不是说这些不重要；正相反，它们非常重要！凯特也在书中给出了相应的方法。

但是，过于章程化导致我们忽略了危机的核心：危机不可避免地给人们带来了不幸，所以在处理危机时一定要以人为本。毕竟，在一场危机中做最终决定的是一个个的个体，以及由个体组成的团体，其重要性超越所有规章制度。

不管你企业里的《危机手册》如何重要，当品牌面临危机时，你所做出的决定绝不能照本宣科。最好的危机公关建立在企业的价值观、企业文化和使命感之上，并需要在快节奏的社交时代中对消费者需求有着深刻理解。

总而言之，成功的关键在于运用同理心：清楚地意识到没有一模一样的危机，并且在行动中以人为本。

这个混乱又复杂的时代给锐意进取的公关从业人员提供了一个巨大的机会，让我们从不同的角度思考行业发展。与此同时，我们肩上的责任也变得重大。在我们保护客户或我们的企业品牌价值的时候，也要思考一个问题：我所做的事情有没有从减轻危机的角度给世界带来价值？

对我来说，我找不到比阅读这本书更好的一个方式来帮助自己思考上面提到的问题。我相信你也会和我一样从书中收获想要的答案。

罗德·卡特赖特

英国著名危机沟通顾问

自 序
PREFACE

从事企业公关的人士可以阅读一些非常棒的书，从中寻找到有关危机公关的最佳方法。比如，阿德里安·惠勒为公共关系与传播协会撰写的《危机沟通管理实践手册》。我写这本书的关注点则是普通人在危机中的行为。比如，他们如何对待处于危机中的品牌或组织机构，以及在社交媒体和数字化沟通方式兴起的背景下人们的行为有何变化。

如今，无论是哪种组织机构，都面临着消费者史无前例的严苛审视。无论对错，这些组织机构的任何行为都会受到评价。权利的杠杆正在向普通消费者倾斜，他们给予各大品牌和机构的压力与日俱增，促使这些组织提高公信力，并且让他们在与消费者的沟通交流中完全透明。

组织的行为也因此而改变。我们可以看见"以目标为驱动"的营销方式正在兴起。和过去不一样的是，这样的营销方式不再是少数、小众品牌的做法，而被视为竞争优势。因为消费者想知道他们购买产品的品牌是否拥有和他们一样的价值观。没有达到消费者新标准的品牌就面临着陷入危机的风险。那些对品牌有了更多期待的顾客还会非常迅速地对你的品牌进行评价甚至指责。因为社交媒体和数字化的发展给了他们工具，让他们表达不满、组织抗议、抵制品牌的活动得到更广泛的传播。

所以，尽管危机公关的基本原则没有改变，但是外部市场环境已经和以前大不相同。

我在公共关系、品牌管理以及危机沟通领域工作已经超过25年。2014年，我和塔玛拉·利特尔顿共同设立波尔佩欧公司，为企业提供危机公关的培训以及社交媒体背景下的模拟危机演练。我们的客户包括欧洲、美国、中东、亚洲以及非洲的全球诸多知名品牌。我了解到，这些企业不仅了解消费者的行为方式，而且理解驱动消费者的动机和迫切要求。这也是为什么他们能够更好地成功应对和管理危机。

目 录
CONTENTS

第一部分　理解消费者行为为何改变

第一章　屋漏偏逢连夜雨：为什么曾经最喜爱的品牌会跌落神坛 // 003

从热爱到背叛一个品牌 // 004

情绪主权 // 006

由爱到恨 // 007

从愤怒到采取行动的催化剂是什么？// 009

是什么引起消费者负面行为 // 010

仇恨者和"喷子" // 013

有时候，消费者不是讨厌一个品牌，而是讨厌背后的人 // 013

大卫和歌利亚：社交媒体是新的弹弓 // 014

第二章　虚假新闻蔓延引发的信任危机 // 016

虚假新闻的蔓延 // 017

人们为什么分享虚假新闻 // 018

媒体信任危机 // 020

虚假新闻与危机中的品牌 // 021

第三章　应该相信谁？意见领袖的兴起与传统媒体的没落 // 024

意见领袖与信任危机 // 024

意见领袖营销、意见领袖广告、意见领袖关系还是品牌倡导？// 025

意见领袖的潜在问题 // 026

什么是真正的影响力？// 028

与意见领袖合作 // 030

避免让你的意见领袖变成危机 // 031

媒体与信任 // 033

第四章　群起而攻之！不同以往的应对负面舆论与坏消息的方式、社交媒体的角色 // 037

内容的爆发与病毒传播 // 039

冤冤相报 // 041

具有积极意义的公愤 // 043

公愤的循环 // 043

第五章　不愿延迟满足，要与讯息同步：管理消费者想要得到及时消息的心理预期 // 046

人们愿意获得即时满足的天性 // 046

延迟满足过程中信任的重要性 // 047

"刷新"，社交媒体让人们停不下 // 049

又快又好地给予回复 // 051

不要为了速度而牺牲真相 // 052

| 目 录 |

第六章 理解和应对网络暴力 // 054

什么是网络暴力，网暴行为的动机以及应对方式 // 054

网暴的动机是什么？// 055

网暴中的竞赛心理 // 057

当网暴变成集体行为 // 060

第七章 消费者意识觉醒：品牌透明化的复杂性与压力 // 064

消费者意识觉醒的时代 // 067

错误的方式 // 069

成为仇恨言论赞助者的危害 // 070

第二部分
消费者行为的改变在危机管理与应对中的角色

第八章 新挑战：理解消费者行为的改变给危机管理策略带来的影响 // 077

影响一：信息过载 // 078

影响二：价值观改变 // 080

影响三：做正确的事并让外界了解 // 081

影响四：品牌处理危机的速度改变了 // 083

影响五：澄清与核实真相的迫切需要 // 083

第九章 在一场危机中，什么是可以接受的？如何区分照常经营和危机管理 // 086

什么是危机？// 086

什么是问题，而不是危机？// 088

如何知道你是否处在危机中？// 089

如何在正常经营与危机管理中找到平衡？// 090

在危机中取得成功是什么样子的？// 091

何时可以恢复正常经营？// 092

第十章 社交媒体的九头蛇：保持透明以及危机中抑制信息传播的原则 // 095

媒体自由报道、隐私权以及超级禁令 // 095

删除已发布内容的棘手问题 // 097

小心你的对手 // 097

意图很关键 // 099

处理虚假内容 // 100

处理社群平台和社交媒体中的辱骂内容 // 101

处理他人平台和社交媒体中的辱骂内容 // 102

你的最终目标是透明化 // 102

第十一章 危机实例：从5大品牌中学习危机处理的方式 // 104

联合航空公司3411次航班事件 // 104

优步与卸载优步事件 // 109

TalkTalk网络攻击事件 // 111

富国银行欺诈与举报人事件 // 114

劳埃德银行的信息技术系统乱局事件 // 116

危机中的规律 // 118

| 目 录 |

第十二章　讲述真相的重要性以及其在危机和信誉管理中的角色 // 122

　　谎言与欺骗：好与坏 // 122

　　人们为什么撒谎？// 123

　　揭发谎言 // 125

　　讲述真相 // 127

第十三章　抵抗攻击：团队沟通中韧性的重要性 // 132

　　向军队学习韧性 // 132

　　共同价值观的重要性 // 136

　　复原计划 // 136

第三部分　构建危机公关的战略与应对方式

第十四章　大脑对危机的反应以及训练团队处理危机 // 145

　　大脑对危机的反应——战斗或逃跑 // 147

　　准备好团队 // 150

第十五章　领导力在危机中的作用，以及危机团队的准备 // 158

　　设定战略意图 // 158

　　根据战略意图行事 // 159

　　在危机中做决定 // 161

　　学会应付压力 // 162

　　倾听、同理心和行动 // 163

危机会强化领导力的价值观 // 165

第十六章　危机中表现人性化和同理心：何时有用？何时徒劳？ // 169

什么是同理心？// 169

培养同理心 // 171

表达同情并通过行动体现同理心 // 172

做一个人 // 174

接受不完美并道歉 // 176

第十七章　首先要做什么？在危机中正确处理优先事项 // 179

首要之务便是不可伤害 // 179

关键的第一个小时 // 180

了解事实 // 181

随事态发展不断更新事实 // 182

评估危机的严重性 // 182

定义或再确定危机的战略意图 // 184

暂停，思考 // 186

启动通信响应 // 186

采取行动 // 187

记住你的员工 // 188

检查计划的所有营销活动 // 189

根据公司价值观行事 // 189

第十八章　利用影响者和拥护者来缓解危机：斯科特·古特里的访谈 // 191

　　在危机情况下，品牌如何与影响者合作？// 192

　　危机中，影响者何时有用，何时又会成为阻碍？// 193

　　品牌在危机情况下应如何通过其影响者进行沟通？在危机情况下，品牌应该只利用已有联系的影响者，还是让新影响者也发挥作用？// 194

　　作为危机计划的一部分，是否应让品牌影响者了解公司危机的重要性。// 195

　　在危机情况下，品牌能否并且是否应该尝试控制影响者的言论？有什么后果吗？// 196

　　在危机期间以及危机之后，作为恢复计划的一部分，品牌如何通过与影响者合作来建立信任？// 197

　　危机期间，通过影响者和品牌拥护者进行沟通的方式是否有区别？// 197

第十九章　科技在危机管理中的作用：利用预测分析、社交倾听、搜索数据和洞察力 // 200

　　预测危机 // 200

　　危机期间：了解公众的反应 // 205

第二十章　准备、执行和分析危机应对措施的实用步骤 // 208

　　1. 危机前：规划 // 210

　　2. 前驱阶段 // 216

　　3. 全危机阶段：损失控制 // 218

　　4. 恢复阶段 // 220

第一部分
PART ONE

理解消费者行为为何改变

第一章
屋漏偏逢连夜雨

为什么曾经最喜爱的品牌会跌落神坛

> 这就像分手一样。我们可以成为朋友,或者互相憎恨。或许我们还会重归于好,但不是现在。
>
> 阿什利·斯卡帕,佛罗里达州餐厅老板

任何一个经历过分手的人都会有上述的感受。你曾经认定的一个人,做了一些事情让你对这一切产生了怀疑:他们到底是谁?他们的价值观是什么?他们的立场是什么?你感受到了背叛,却无法作出判断。

但是斯卡帕的上述描述并不是一场感情的纠葛,而是关于她的大众牌新车。在她刚刚购得这部车不久,就看到大众虚假排放量的新闻。这是一场让大众损失至少300亿英镑的丑闻,相当于公司两年的营收利润。为此,大众的股价用了两年才得以恢复。斯卡帕是一个环境保护者,所以对她来讲,开什么车代表着她的立场。她感到失望,因为大众伤害了她的信任。所以,她在公开场合进行演讲,谈论这场背叛。

从热爱到背叛一个品牌

与一个品牌建立关系的概念似乎很奇怪。但是那些大众钟爱的品牌总会让消费者想要和其产生链接。因为这种链接给予消费者社交属性，给他们带来社交价值。

绝大多数情况下，消费者不会对品牌进行区分。日常品牌的消费者忠诚度正在下降。但是，有一些品牌却能够走进消费者的内心，这些品牌让人们产生了"超越理智的忠诚"。比如，你可以尝试劝说一个苹果Mac电脑的用户改用其他品牌，或者让哈雷·戴维森的车主改用本田，然后看看会得到怎样的结果。

被钟爱的品牌与消费者建立了真正的链接，比如苹果、可口可乐、网飞、耐克、哈雷·戴维森以及本&杰瑞冰淇凌。这些品牌具有明确的立场，足以让消费者愿意把它们的价值观也纹在自己身上。但是，这样的品牌一旦背叛消费者，热爱就会变成愤怒。

吉尔·格林是商业心理学公司"OR咨询"的临床心理学家和首席顾问。她的工作包括与品牌一起探寻解决冲突的方法和研究消费者创伤影响。吉尔说："消费者和购买产品的品牌之间的关系不仅仅体现在一纸合同上，更多的是心理层面的关系。消费者相信品牌的价值观与他们是一致的。这是品牌基因带给消费者的认同感，并非简单地体现于外在的商品上。"

2018年，脸书由于未经用户允许将数据信息提供给剑桥分析公司而遭到用户的激烈谴责。人们指责脸书这些信息可能会被用于影响大选结果，并且破坏了用户的信任。大多数脸书用户（至少是成年人）都清楚，使用脸书意味着知晓它会根据个人数据来进行定向广告投放。所以，脸书根据用户的喜好来推荐品牌活产品在多数情况下被用户默许。

消费者相信脸书会保护好他们的一些最私人与珍贵的信息，比如：私人对话、人际关系、回忆和孩子的照片。所以，当脸书破坏了这种信任时，也就破坏了与用户的心理链接。失信的后果来得很快，根据分析公司在2018年3月进行的民意调查显示，脸书在美国人中的好感度大幅下降；在英国，五分之一的人在丑闻发生后删除了他们的脸书账户。

脸书认识到了自己的错误。通过对比2007年马克·扎克伯格在旧金山的颁奖礼发言和2018年3月21日剑桥分析丑闻发生之后的公开声明，就可以看出其态度的转变。2007年，他表示："人们不仅已经习惯分享更多不同类型的信息，也已经习惯更公开地向更多的人分享信息……这是一个随着时间演变而来的社交新常态。"2018年，他则表示："我们有责任保护用户的数据，如果做不到，那么脸书就没有资格为人们提供服务。"

另外一个背叛消费者信任的巨头品牌案例是英国在线时尚零售商Boohoo。此品牌的一大特色是其保护动物福利的政策，并且受到了动物权利运动组织PETA的认可。Boohoo网反对皮草，只销售人造皮草和配饰。但是，时尚零售行业权威媒体在2018年披露了英国时尚公司销售真皮产品的行为，Boohoo就是其中一家。报道指出，Boohoo在2017年12月销售了真皮产品，且欺骗消费者这些产品为人造皮草。"这一行为让消费者感到了巨大的背叛，"吉尔·格林说。

查清后，Boohoo发现问题出在了供应链端，也迅速终止了与违反规定的供应商的合作。这个案例很有代表性，它体现了一个有着明确原则与价值观的品牌，因其供应商没有遵守同样的原则而引发的严重后果。吉尔·格林表示："产品原料的来源很重要。关心这类问题的人们很注重细节。他们会追溯供应链中的所有环节。有一些话题是非常敏感的，比如环境保护、动物福利、儿童权利等。这些和人们的核心信念系统息息相关，一旦遭到背叛，品牌就会面临极其严重的后果。"

情绪主权

我曾和杰玛·斯托里共事多年，一起为品牌创造场景来模拟如何应对突发的危机。为了让创造的情景尽可能真实，她事无巨细地研究了各类品牌危机中消费者的行为。她告诉我："作为一个品牌，你希望人们成为你的粉丝。"她举了一个文学界的例子。2015年，哈珀·李的作品《设立守望者》得以出版。这部书是于55年前出版的《杀死一只知更鸟》的续集。在《设立守望者》中，阿提克斯·芬奇这位在前作中英雄般的正直律师形象被描绘成了一个种族主义者。哈珀·李因此遭到了《杀死一只知更鸟》粉丝们的公开声讨，她的精神健康也遭到了质疑。另外一些读者则声称《设立守望者》中的阿提克斯更加真实，因为这个人物的原型就是作者的父亲。对于很多读者来说，这就是一种背叛：《杀死一只知更鸟》长久以来被认为是公民权利斗争的象征，但是当人们发现其中的英雄形象有着道德问题的时候，这种感觉就如《卫报》在2015年的形容："自由女神像被发现是撒旦的化身一样。"

斯托里说："人们的头脑中有着一个非常明确的形象，他们不喜欢这个形象被挑战的感觉。因为他们对这个形象有着主权意识，一旦被挑战，就像是个人物品被偷了一样。《星球大战8：最后的绝地武士》电影一上映就遭到一些忠实粉丝的反对，因为他们不接受电影使用女演员来扮演绝地武士。他们甚至发起了众筹活动，要求重新制作电影来纠正错误。尽管这个故事的背景是本身就与性别无关的星球大战，但是女性演员的出演被视作占领了男性主导的空间,导致了一些男性粉丝的缺失感。

斯托里不仅写作,也是一个游戏玩家。她表示没有什么比游戏更能体现情绪主权这一现象,看看那些因为发布了粉丝不喜欢的内容而惨遭抵制的游戏公司就知道了。我问她为什么。她解释道:"比如《龙腾世纪:起源》这款游戏,玩家进行角色扮演,在通关的过程中和这个角色'同生共死',产生了深厚的情绪链接。但是,游戏开发者却突然修改了游戏的故事线,使角色的设定完全乱了套。这种感觉就像是被开发者绑架了一样。即便你决定换一个角色去玩,还会记着之前的遭糕经历。这种感受也会被带到游戏续集里,导致同款游戏、不同组别的游戏玩家产生矛盾。"

由爱到恨

爱与恨惊人的相近。神经科学对此的解释如下:研究表明,大脑处理爱与恨的区域是相同的,都是壳核和脑岛。

尽管如此,我们处理爱与恨的方式还是有区别的。爱会使与理智相关的大部分大脑皮层失去作用,但是仇恨只会使其一小部分无效。这意味着当我们陷入爱河时,我们将失去推理或逻辑思考的能力,我们会忽略错误。但是当我们产生仇恨的时候,我们的判断力更清晰,我们得以看清所有的瑕疵并以此去评判他们。在仇恨下做出的决定可能不会特别正确(因为仇恨使人失去同情心),但我们却能更看清这个世界,仇恨就是锱铢必较。

所以,如果消费者热爱一个品牌,就会忽略它的小瑕疵。如果其中一个产品不尽如人意,并不会引起什么问题。比如,我们不会因为一家咖啡连锁店缴纳的税额没有达到人们心中的公平税的金额而停止喝他们的咖啡。我有一些朋友尽管会上街抗议那些没有缴齐税费的企业，但仍然会在亚马逊上购物（亚马逊依法缴纳税金，但是像英国很多企业一样，与收入相比，他们被认为应该缴纳更多的税费才公平）。我完全理解朋友们的行为。我希望亚马逊缴齐公平税，是因为我想继续热爱这个品牌。我是亚马逊优选会员、通过亚马逊Firestick看电视，同时我还在亚马逊Kindle上看书。亚马逊让我的生活更轻松。但是我也认为企业应该足额缴税，实现社会公平。这让我在使用亚马逊的种种服务时也会有一丝罪恶感。我是在自己的道德真空地带选择性地忽视问题。

格林认为这很平常。她说："消费者反对品牌在决策层面上的原则，但是依然支持它面向消费者的产品。优步就是一个很好的例子。只要这个城市有优步服务，我就会使用它。我非常喜欢它的服务。像许多人一样，我对优步的态度也经历了多次的变化。发现车费和余额出现问题时，我产生了不信任感，这促使我去了解更多。后来，优步的临时工合同丑闻事件，让我反对这家企业的价值观和立场。但是，我完全支持那些提供实实在在服务的优步司机。所以，我继续使用优步。"

格林表示："关键是与提供产品或服务的人建立的关系。拿优步举例，乘客和司机之间就建立了关系。每一位司机就是这个品牌实实在在的代表。"所以，即便是企业本身没有达到消费者的要求，但是却仍然会通过其员工和品牌保持这段关系。

这让人不禁提出另一个有趣的问题：到底谁才是品牌的代表？在优步的案例中，代表品牌的显然不是其在硅谷的发言人，而是每一位司机。他可能是一位乌克兰移民，接到深夜打车的你的订单，负责把你安全送到家。这些司机对优步的支持所带给你的影响，远远大于和你没有直接关系的企业丑闻。同样的，是超市的收银员、洗碗机修理工人等这样真实与顾客接触的企业员工最能够代表企业。他们是直接传递品牌价值的人，而不是那些深藏在摩天大楼里的品牌办公室。他们与消费者建立关系，并走进消费者的心。

我们再进一步想象一下。现在甚至有越来越多的人会把他们热衷的品牌标志纹在身上，比如哈雷、大众和苹果的粉丝。假如你是他们其中的一员，你可能会买品牌的周边产品，并把它们展示在家中。这个品牌体现了你的一部分文化和社交身份，因为你的朋友们可以据此了解到你的兴趣爱好。突然，你发现这个品牌做了很糟糕的事情，比如雇佣童工、破坏环境，或是拖欠工资（被消费者热捧的品牌不可避免都会面临这样的指控）。你的朋友们都表示再也不会使用其产品，并且从手机里删除了他们提供服务的APP。

这个品牌已经违背了你的价值观，也就是吉尔·格林谈到的"核心价值"。你也因为和这个品牌进行过深度链接而感到非常受伤。你会把这个品牌的所有痕迹从家中消除，并且洗掉身上的纹身。它背叛了你的信任，让你愤怒，这就像是一场分手大战。

从愤怒到采取行动的催化剂是什么？

从根本上讲，有两个原因会催化人们采取行动。第一是正强化（某种行为得到正向的反馈导致这种行为的继续）。危机或是消极局面下，一位消费者在社交媒体上发布了自己有关某个品牌的糟糕经历，并且得到了他人的点赞或转发。那么这就是正强化，让他感到得到认同与归属，证明他人和自己有同样的感受。

格林解释道："我前不久出差，很幸运地买到了火车的一等票。但是火车公司却临时关闭了一等车厢,我不得不坐在卫生间旁边的位置。我在推特上发布了一张照片,朋友们纷纷点赞,表示支持我,其中一些人还表示有和我类似的经历。我开始感到自己似乎发起了一场运动。"我们的身体也喜欢这样,每次收到一个点赞,身体都会分泌内啡肽,让我们感到快乐。我们会从中得到鼓舞,一种控制了消极局面的感觉。

第二个原因是负强化,也就是通过采取一些恶意的行为来抵消负面感受。消费者攻击了伤害他们感情的品牌,就会减轻一些无能为力的感觉。这是一个强大的动力。人们热衷于惩罚坏事,并进行反击。如果你对我不好,我就会报复你。因为这会化解失控的感觉。

基于这个理论,在社交媒体上删除负面评价和讨论只会让事情变得更糟糕。如果删除了这些消费者的负面内容,反而会增加他们的无力感,也会增强他们继续攻击你的动力。

也是因此,OR咨询公司给这样的消费者们起了"BMW俱乐部"这个名字,即专门是说坏话(bitching)、抱怨(moaning)和发牢骚(whinning)的一个俱乐部。格林说:"这是一个很重要的俱乐部。即便一个从来没有买过这个品牌的产品的人也会想加入到诋毁品牌的队伍里,因为这给了人们目标感和归属感。同样一群人甚至还会联合起来抱怨另外一个品牌。"

是什么引起消费者负面行为

1. 当品牌行为伤害消费者核心信念与价值观时。瑞典于默奥大学的研究员们在论文《我们为什么会憎恨品牌?》里表示,如果一个品牌建立了一套深入消费者信念系统的价值观,但是自己却违背了这些价值观时,就会让消费者感到被冒犯。这样的行为不仅损伤了品牌本身，也伤害了消费者的感情。因为消费者的社交价值与身份遭到了破坏。

2. 当品牌违反社交规则时。人以类聚，也就是说人们会跟和自己思想理念相近的人相处。当我们的社交群体想要和一个品牌撇清关系时，我们也会这样做。我们在意的是社会群体的规则，不想成为那个不同的人。人都在寻求归属感，想要和认同自己的人在一起，即使我们可能并不认识他们。

3. 当品牌违背自身的道德规范时。从员工工作条件到税务问题，亚马逊已经受到无数次的抵制。但是为《快公司》撰稿的卡尔·格思里·魏斯曼表示："目前为止，抵制活动几乎伤害不了亚马逊。"如果一个品牌违反了既定价值观，声誉就会面临威胁。但是如果这个品牌一直坚持秉承自己的价值观，那么人们即便可能不同意这家公司的某些行为，也不会轻易改变自己的购买习惯。卡尔表示，最容易受到抵制影响的品牌是那些已经出现了声誉问题的品牌。但是亚马逊没有，因为他的快递和服务一贯表现优异，所以抗议活动对他们来说虽然不是什么好事，但是他们总是能够安然度过。如果有一个抵制活动是关于亚马逊不能保持其服务，它才会面临真正的危险。

4. 当品牌夺去消费者的控制权时。如果消费者信任的品牌声称会保护用户数据，但是没有做到，那我们就会感到失去了对个人信息的控制。这也是为什么数据泄漏（即便是非金融账户数据泄漏）会引起人们强烈的反感，因为我们感到最私人的信息不被自己控制。尤其是当这些数据没有明确得到用户许可就被使用时，我们就会感到被任意摆布。

伊尔卡·格莱布斯在为《伦敦政经》撰文时，讨论了在数据收集以及在社交网络上分享时"知情同意"的重要性。她举例说："在健康服务领域，患者知道的个人和健康信息会分享给医护人员。但是，如果他们发现信息被医疗机构卖给了市场营销公司，就会被冒犯。"所以，消费者同意品牌分享信息的前提是得到他们的许可。

5. 当品牌伤害到我们关心的事物时。2018年，英国的上班族们因为铁路公司改变了列车时刻表而陷入了混乱。更改了的时间表导致数千人日常乘坐的列车取消和延误。这些搭乘火车的上班族们当然会抱怨，这是情理之中的事。异常拥挤的列车、摩肩接踵的站台、满面愁容的乘客，被人们用手机拍了下来，这些照片接连数日登上全英国的媒体头条。

为什么列车时刻表的调整会演变成一个全国性的新闻？因为这是有关每一个人的事情。市民们（即便没有受到列车延误影响的人）都能够感受到这些上班族们沮丧的心情。普通老百姓成为巨型企业（在这个案例中显然是铁路公司）的受害者显然是非常引人注目的。

如果整件事情有一个明确的"坏人"，那么就会引发更多人的关注。在上述铁路公司的案例中，当上班族们不得不忍受持续数周的延误和拥挤时，发现一个高级经理在空旷的一等车厢里一人占用两个位置，而一座难求的其他车厢里的乘客竟然被告知不能坐在一等车厢里。这肯定会引发公众强烈的愤怒和不满。

5件引发消费者消极行为的事情：

1. 品牌行为伤害消费者核心信念与价值观
2. 品牌违反社交规则
3. 品牌违背自身的道德规范
4. 品牌夺去消费者的控制权
5. 品牌伤害到我们关心的事物

仇恨者和"喷子"

埃德·拉蒂摩尔是一位拳击手兼作家，他曾说过："你的失败让你的憎恨者比他们自己获得成功还要开心。"社交媒体的存在也推动了这些品牌憎恨者。有些人天生易于产生憎恨的情绪。引发憎恨的原因是多种多样的，可能是因为被社会孤立、恐惧、受到不公待遇、无法掌控、被污蔑、负面经历或是匮乏感。

"喷子"是一群故意地、用恶意的方式拉人下水，并以此为乐的人。我的观点是，喷子和憎恨者有不同之处。尽管喷子的某些行为和憎恨者很像，但是喷子本身并没有投入许多情绪到攻击目标身上。他们缺乏同情心，纯粹是想制造麻烦并刺激你作出反应。

有时候，消费者不是讨厌一个品牌，而是讨厌背后的人

2015年，商人菲利普·格林爵士以1英镑的价格出售了他在英国家用商品零售商店（BHS）的股份。根据英国公司注册局的数据，BHS在2013年亏损了7千万英镑。亏损的主要原因是产品过时、没有时尚感，但更大的问题是其养老基金一直处于赤字状态。辛勤工作的普通员工无法从他们付出劳动的地方获取养老基金，他们只能指望政府的帮助。

当时，此事成为英国公众迫切关心的事件。BHS曾经是十分具有英国特色的一个品牌。即使人们可能很多年没有再去BHS购物，但它依然承载着英国人的怀旧情感。这件事的受害者是因此失去工作的员工。BHS也破坏了信任：很多员工失去了缴纳多年的养老金。整件事的罪魁祸首就是菲利普·格林爵士。他的形象成为了一个贪婪的千万富翁，一个从无法兑付

员工养老金的企业里取出4亿英镑分红的恶人。不仅如此，据报道，格林通过其妻子的名义将分红存放在离岸的避税国家，所以政府不但无法回收养老基金返还给员工，还失去了税收。

这引起了公众的强烈抗议。2018年，格林成为《破损商品》一书的主人公，他的名誉也因此跌入泥潭。英国高等法院拒绝了格林的申诉——他试图阻止金融报告委员会在其出售公司股份前公布严重财务违规的报告。公众的声讨已经坚定地从公司的衰败本身转向了造成这件事的人。

大卫和歌利亚：社交媒体是新的弹弓

马尔科姆·格拉德威尔的精彩著作《大卫和歌利亚》里提到，在大卫和歌利亚那场经典的战斗中，我们要重新思考到底谁占据上风，谁居于下风。我们对非利士人和以色列人在犹大作战的故事并不陌生。在那个年代，双方通过各自选取一名战士决斗来决定战争的胜负是很常见的。这么做更有效率：损失两个人的性命比让两军伤亡更多的人要划算。歌利亚块头巨大，是非利士军队里最高大的战士。他的对手是以色列的年轻牧羊小伙大卫，他只有一个弹弓和几块石头作为武器。

这是一个经典的实力悬殊的战斗故事，是吗？格拉德威尔讲到，大卫才是更有优势的一方。他敏捷，武器也更好，因为弹弓可以像现代的手枪一样准确射击。歌利亚则不然，他穿着沉重的铠甲，他的体型让他行动缓慢、笨拙。格拉德威尔还在一项研究里了解到，歌利亚庞大的体型可能与患有导致生长激素分泌过剩的疾病有关，这个疾病还可能造成他视力不良。如果和品牌相比，歌利亚庞大的体积反而成为了阻碍，模糊了清晰的视线。

受到攻击的品牌规模不重要，只要进行攻击的人使用了更好的武器，品牌照样无法招架。社交媒体使每个人都可以通过网络向破坏他们心理预期的品牌表达自己的看法。在社交媒体出现之前，消费者没有能力影响品牌的行为。但是现在，品牌却要时时留意消费者的反应与评价。

大卫与歌利亚的故事并不是告诉我们弱者可以侥幸胜出，而是歌利亚低估了大卫武器的力量。社交媒体就是消费者新的武器，品牌要想获得更好的发展，千万不要低估它的威力。

> **行为总结：是什么激怒消费者，我们应该怎样做**
>
> 1. 与消费者和员工建立心理层面的关系。确保你所做的任何事情都在维护这份关系。
> 2. 明确你内部的品牌倡导者。他们是不是你品牌的最佳宣传者？列举你需要做的事情来赢得他们的支持。
> 3. 明确你的品牌受众群体（不要忘记更广泛的群体）的核心价值都有什么。你的业务以及供应链有哪些可能影响到这些价值的因素？你要怎样才能改变？保护这些核心价值高于一切。
> 4. 想象你可能面临的最糟糕的危机是什么。什么事件会引发消费者的负面行为？
> 5. 不要低估"弹弓的威力"：社交媒体。仔细了解人们是怎样评价你的。

第二章
虚假新闻蔓延引发的信任危机

> 2016年《调查权法》（第5号法案和《过渡与保存规定》）条例规定：从明天起，新的通讯条例将被启用。所有通话会被录音。所有通话录音需被保存。推特将受到监控。脸书将受到监控。所有社交媒体和论坛均会受到监控。你的所有设备都被连接到服务系统。不要转发您收到的有关政治、政府、领导人等方面的任何帖子或视频。在任何政治和宗教辩论中撰写或转发任何消息都是违法的，严重情节会导致逮捕。"然后，我最喜欢的一句是："注意不要发送不必要的消息。"

2017年，许多类似的信息在社交媒体上被广泛传播。知道我在社交传媒领域工作的许多朋友还好心转发这些信息给我。很显然，这是一条虚假信息，一条利用人们已有的担心和恐惧故意引起公众担忧和不解的新闻，旨在让人们更加质疑政府的隐私政策。

有一些虚假新闻则毫无公德。在伦敦格伦费尔塔发生火灾导致79人死亡之后，有人设计了一个虚假的官方网站，声称大火发生的12天后，在塔顶发现一名婴儿奇迹生还。当然这个故事是假的。同时，有关英国政府瞒报死亡人数的说法也流传开来。转发这些新闻的人声称被媒体蒙蔽。

虚假新闻的蔓延

2016年，美国新闻聚合网站Buzzfeed的媒体编辑克雷格·西尔弗曼发现一系列在社交媒体上流传的虚假故事。虚假故事本身并不是什么稀奇事，但是有趣的是，这些新闻的出处都来自一个叫做韦莱斯的马其顿小镇。每个小故事背后都针对美国当时最热议的话题：唐纳德·特朗普和希拉里·克林顿的竞选之争。

横扫社交媒体头条的新闻标题包括：《弗朗西斯教皇禁止天主教徒给希拉里投票》《突发：奥巴马其实出生在肯尼亚——特朗普一开始就说对了》以及《罗伯特·德尼罗转投特朗普》。不难看出，这些新闻是支持特朗普的一方为了在社交媒体上吸引更多人的视线，引起更多转发的行为。这也确实奏效了，这些故事越离谱，转发的人就更多。Buzzfeed的调查显示，仅其中一条虚假故事就在脸书上获得了14万转发、点赞和评论。这些毫无疑问都是特朗普的支持者；调查也表明支持特朗普的虚假故事比支持克林顿或是桑德斯的故事转发率更高。当然，转发率越高，广告价值就越高。韦莱斯小镇越来越多的人也因此迫不及待地加入这个掘金的队伍。

编造虚假新闻成了一个像模像样的生意。Buzzfeed发现，韦莱斯镇出现了100多个支持特朗普的"新闻网站"。这些网站的命名都出奇地具有类似的美国特色，比如《世界政治网》《美国保守今日报》和《美国每日政治》。他们这么做是为了让读者相信这是权威新闻，不是带有娱乐性质和讽刺意味的网站，而是经过深思熟虑、周密策划的误导性网站，并以此骗取读者信任。

它奏效了。新闻汇总和分析平台News Whip在2018年4月的调查中显示，其中一个虚假新闻网站《你的新闻专线》仅2018年2月就在脸书上获得了超过350万互动（包括分享、点赞、反应与评论）。

识别和移除虚假新闻是脸书和谷歌等企业的长久之战。2016年，这两家公司分别出台了严格打击虚假新闻网站广告的措施。

在韦莱斯，虚假新闻网站的动机是金钱，但是更加邪恶的动机同样存在。黑客和网络罪犯善于利用社交网络中人们的心理来引诱用户点击恶意链接或是下载恶意软件，虚假信息仅是他们其中的一个武器。既然虚假信息在韦莱斯小镇都可以风生水起，那么它也注定会是网络罪犯的利用对象。

人们为什么分享虚假新闻

人们为什么会陷入虚假信息的陷阱呢？大多数情况下，是因为这样的故事触动了人们恐惧或是希望的情感。人们很希望相信在伦敦格伦费尔塔的不幸事件之后会有好事发生，所以就愿意相信12天后仍有婴儿生还的天方夜谭。这个虚假新闻强化了我们想要相信的东西。有关教皇禁止天主教给希拉里投票的新闻恰巧符合了一些特朗普支持者的心理活动。那些不相信政府的英国公民也就很自然地相信有关监视社交媒体信息的新法律是真的。有关奥巴马出生地的合法问题也正中了种族主义者的下怀。

菲利波·蒙泽是印第安纳大学的电脑科学和信息学教授。他2016年在《对话》上发表的文章探讨了人们在社会工程学中的脆弱性："当人类在逐步适应躲避有可能伤害我们的事物时，我们习惯相信社交范围内的信息，排斥与我们背景不同的信息。但是，在如今的网络世界里，我们接受到的信息变得更窄；而另一头的一些阴谋论支持者传递给我们的信息并不能帮助我们表达自己的观点。"这也就加剧了局限性，让人们更难分辨新闻的真假。蒙泽表示："在我们自己的世界里，我们选择性地接受信息，这些信息符合我们的信念。这有助于增强互动性，但是却不利于健康的怀疑精神的发展。确认偏差让人们盲目，只看新闻标题，不探究内容真伪就把一篇文章分享到社交圈里。"

三种主要的虚假新闻类型

根据西安大略大学罗宾等人的研究，一共有3种类型的虚假新闻：

1. 精心编造的虚假新闻。主要有以下两种：

① 欺骗性的报道，比如，故意煽动情绪的犯罪故事、名人丑闻。通常，其标题会夸大其词，引导你点击阅读全文。

② 歪曲事实、以偏概全、带有报道者个人偏见的新闻。

2. 大型骗局：故意编造新闻，诱使人们认可其真实性，并在社交媒体或主流媒体上得以传播（比如2016年从韦莱斯镇流传开来的有关美国大选的虚假新闻）。

3. 带有讽刺意味的虚假新闻。比如新闻讽刺小文或是新闻嘲讽网站。它们的标题类似于《洋葱报》《私人眼》。这些内容不具有欺骗性，旨在讽刺社会现象。

2018年7月，美国总统特朗普与俄罗斯总统普京的会面结束后，包括伯尼·桑德斯在内的批评者指责说特朗普没有在普京面前表现出应有的气势。作为反击，特朗普支持者在推特上发布了一张奥巴马与普京的会面照片。照片中，普京正在拉奥巴马的领带。

当然，这是一张篡改过的照片，原照片是由白宫摄影师彼得·苏萨于2014年的诺曼底登陆70周年纪念活动上拍摄，拉领带的动作是后期加入的。

如果你停下来思考一下这些流传于社交媒体的虚假新闻标题就会轻易发现其非真实性。政府部门也完全有能力搜集真实的情报，而不会在意普通人在社交媒体上发布的虚假照片。在公共场合且有摄影师的情况下，普京怎么会抓着奥巴马的领带不放呢？只不过，读者们愿意相信这些虚假新闻的原因是它们符合自己的价值取向，满足了自己的确认偏差。人人都喜欢阴谋论。至今，真的相信黛安娜王妃是被英国皇室害死的，依然大有人在。

但是大多数人都不会停下来认真思考眼前新闻的真实性。伴随人们对媒体报道真实度信任感的下降，读者开始主动寻找并分享自己所相信的新闻。麻省理工学院的研究发现，虚假信息比真实新闻更容易得到传播。这并不令人惊讶。虚假信息的传播不在于是不是按照事实进行报道，而是在于引发了情绪性，这正中人们的下怀，促使人们广泛传播。从本质上讲，这是一种操纵，并且很有用。

媒体信任危机

虚假新闻并非新鲜事物。让人担忧的是其传播的速度。2016年Pew研究中心的调查显示，62%的美国成年人都在一定程度上从社交媒体上获取新闻。少于10%的读者阅读付费新闻。这就意味着媒体公司唯一可靠的营收方式是广告收入。所以，这些公司非常看重点击量、分享和点赞的次数。为了生存，媒体不得不迎合大众的口味，让故事更有煽动性，符合人们愿意相信的价值观。这并非良性的发展。

埃德曼2018年的调查显示，美国媒体、政府部门以及各大组织的公众信任水平都降至了最低。造成这个现状的其中一个原因就是虚假新闻。大众知道报道中的信息不是真实的，但是应该如何辨别真假呢？在接受调研的人群里，每10个受访者中就有将近7人表示担心虚假新闻可能被当作一种武器，59%的人表示很难判断一则新闻是否出自正规的媒体。让人更加困惑的是，对于"媒体"的定义也发生了改变。我们看到越来越多的平台，比如自媒体和搜索引擎，也成为了媒体的一部分。如果读者被一篇虚假新闻欺骗，那么他就再也不会相信这家媒体。过去的经历影响人们相信什么、不相信什么。所以，一旦被欺骗，读者不仅会认为这篇新闻是假的，还会对这家媒体的所有内容产生质疑。

在权威媒体日渐稀缺的背景下，我们应该相信谁呢？答案是，个体。调查显示，我们会信任"人"本身。同时，该调查还有一个有趣的发现：尽管我们不再相信组织机构，但是我们会相信各个领域的专家个体；我们不再相信媒体，但是却更加相信新闻记者个体。我们不再相信公司，却会相信公司的CEO（至少是比2017年更相信）。该调查发现：技术专家、金融分析员、成功的创业者的信任度达到了50%甚至更高。

虚假新闻与危机中的品牌

品牌同样也成为了虚假新闻的受害者，尤其是对危机中的品牌。在我们帮助监听和服务的品牌中，总会有人故意地、恶意地传播虚假信息，使情况变得更糟。

星巴克在2018年就面临这样的情景。其在费城的一家店铺对待客人的态度引发了公众的愤怒。两位年轻的非洲裔美国人——拉松·纳尔逊和唐特·罗宾逊提早到了星巴克几分钟，等待第三位朋友的到来。他们在等待的时候询问店员洗手间在哪里，当时他们还没有点单。一个员工告诉他们洗手间只能给点单的顾客使用，要求他们点单或者离开。两人拒绝了这样的要求后，员工打电话报了警。随后，这两人被捕。

整件事被其他顾客录了下来，证实这两位客人除了暂时没有点单不符合星巴克的规定之外，并没有做错任何事情。这段录像像病毒一样在网络上传播开来。人们因为这两位顾客的遭遇而愤愤不平，并指控星巴克种族歧视。

星巴克马上道歉，并史无前例地暂时关闭了8000家美国的店铺，为全体员工提供种族意识培训。星巴克总裁凯文·乔纳森会见了尼尔逊和罗宾逊，两位也一同参与了公司的种族偏见培训。2018年5月，尼尔逊与罗宾逊同意撤销对星巴克的指控，并各自以1美金的象征性赔偿以及要求为年轻企业家提供20万美元的创业基金结束了这场事件。

整件事结束不久，社交媒体上就遍布星巴克免费提供咖啡券给非洲裔美国人，并以此作为道歉的消息。这个看起来非常真实的消费券在社交媒体上广泛流传，并认为具有种族歧视的意味。Snopes网表示，消费券的来源是一个叫做4chan的网络论坛。星巴克被迫在新闻网站Business Insider上发布声明，表示咖啡消费券是假的。有关消费券的新闻在媒体和社交媒体上被反复传播。

虚假新闻经常具有政治目的。大致浏览一下Snopes网，就会发现大量的虚假政治新闻被一方政党支持者用来打压另外一方。在目前美国的政治狂热背景下，品牌也因此受到了严重影响。

2016年，在特朗普当选美国总统后，一个新闻网站报道，百事可乐总裁英德拉·努伊在《纽约时报》的一次采访中对特朗普支持者说他们应该

"在别处解决问题"。事实上,努伊在那次采访中表示她对竞选结果表示失望,并说"我们应该为特朗普的支持者默哀。但我们要团结起来,毕竟生活还要继续。"

特朗普支持者因此针对百事可乐发动了一场抗议,甚至连那些销售百事可乐的餐厅都遭到了抵制。这场风波导致百事可乐股价在2016年11月连续下跌5%。

这似乎证明,如果人们愿意相信一件事情,那么就不会去认真了解背后的事实真相。

行为总结:准备好应对虚假新闻造成的危机

1. 每当媒体上出现一个虚假新闻(比如星巴克消费券),都会让人们再次关注有关这件事的原始事件。所以,这会延长最初危机事件的影响力。一定要让团队为此做好持久战的准备。

2. 错误的信息和谣言会在一场危机的扩散下得到流传。准备好快速、公开、反复地否认这些错误信息。

3. 处理危机时,定期向团队成员汇报真实的信息。如果你接收到了不实消息,在告诉公众的时候也要通知你的团队。他们会帮助你传播真实消息,并在与消费者接触的时候就终止谣言的传播。

4. 考虑到很多人不再相信组织机构,却十分相信个体的现象,不妨在发布企业声明时考虑聘用一位专家发言人,这会让这份声明更有信服力。

5. 成为事实真相的源头。在危机中,要保持公开、诚实,并且要快速、及时地发布正确信息。如果你的品牌面临虚假新闻的攻击,你就要成为人们愿意相信的真实信息的源头。

第三章
应该相信谁?

意见领袖的兴起与传统媒体的没落

意见领袖与信任危机

在意见领袖营销中,有一个奇怪的现象。品牌通过聘请"意见领袖"进行产品推广。但是,在多数情况下,意见领袖只是按照品牌的要求进行推荐,并非真的愿意推荐这件产品。在这样的情况下,信任何在?所谓的意见领袖的"意见"又在哪里?以及,意见领袖在品牌遇到危机时的角色是什么?

我们先来看一下什么是"意见领袖"(influencer)。我认为目前人们对于意见领袖的定义是有问题的。现在,意见领袖是被品牌付费的网红或是博主,帮助品牌向粉丝宣传产品或服务。但是,在意见领袖成为市场公司的营销工具前,其核心含义就是"影响"。他们不仅仅在社交媒体上粉丝众多,同时对特定领域有着透彻理解。人们相信他们的建议、认同他们的价值观。他们的建议是真实可靠的,是人们愿意与亲朋好友分享的建议。

但是,社交媒体的出现让任何一个有观点的人都有了更多的观众,也让意见领袖的行业变得良莠不齐。为了得到品牌的关注与雇佣,虚假账号因此产生，使"影响力"变得歪曲，不再有参考价值。

意见领袖营销、意见领袖广告、意见领袖关系还是品牌倡导？

斯科特·格思里是意见领袖营销顾问、作者和评论员。他说："我们应该明确区分这几个容易混淆的专有名词：意见领袖营销、意见领袖广告、意见领袖关系和品牌倡导。比如：意见领袖广告和意见领袖营销相比，前者偏向一次性的、短期的关系；而后者是基于意见领袖与品牌价值取向一致的一个长期的合作关系。这需要时间，而不仅仅是售卖产品。这种关系可以被用来改变公众观点、倡导公益或是健康的生活方式。"

格思里表示："意见领袖关系通常出现在企业间的合作（B2B），与媒体关系的相似性要大于与广告的关系。B2B的意见领袖希望让自己的专业得到认可，而不以品牌付费宣传为目标。他们的收入来源于别处，比如咨询。"

格思里表示，品牌倡导则更像是明星代言。比如：一个运动员可能成为一个运动服装品牌的倡导者。他们并不是这个品牌的专家，但是他们的名气对品牌有利。

意见领袖有关的专有名词：

1. 意见领袖广告：通过付费给意见领袖（通常是名人），请其为品牌做广告。

2. 意见领袖市场营销：与一位和品牌价值观相符的意见领袖长期合

作，并与其共同策划内容与品牌活动。
3. 意见领袖关系：与某一领域的专家建立合作关系。该合作方式中，专家并不以品牌宣传为目的，而是为品牌提供某项专业服务。
4. 品牌倡导：更像是品牌代言。品牌与一位名人长期合作，并通过其名气扩大品牌影响力（比如体育明星代言某品牌的运动服装）。

意见领袖的潜在问题

正如虚假新闻正在逐渐降低公众对于传统媒体的信任，虚假粉丝（那些没有官方认证的"意见领袖"通过购买粉丝和点赞数来提高知名度）也正在破坏意见领袖营销的可信度。2018年，脸书发起了一项广告活动，目的是打击包括虚假账号在内的滥用平台行为。2018年5月，脸书表示在过去的6个月里，已经封锁了超过1.3亿个虚假账户。

保罗·萨顿是一位数字市场营销策略规划师和顾问，为品牌和机构提供包括意见领袖营销在内的培训课程。他告诉我："'影响'（influence）和'意见领袖营销'（influencer marketing）被市场营销人员滥用。造成问题的一部分原因是因为营销人员混淆了'影响力'与'人气'。如果营销人员是根据粉丝数决定是否雇佣一个意见领袖，那么购买假粉丝的现象日渐猖獗也不足为奇。"正如格思里提到的，假粉丝的现象由来已久，"包括一些媒体在内，他们也会通过假造读者数量来吸引广告投放"。

为什么人们会这么痴迷于粉丝数量，而不是真正的影响力呢？萨顿解释这与我们以往衡量影响的方式有关。"传统的媒体影响力衡量指标包括阅读量、传播范围，以及可能被看到的概率。所以这也影响了我们衡量意见领袖影响力的方式。这样的标准更在于吸引到的眼球数量，而不是行为的改变。即使是当时应运而生的衡量影响力的工具，例如Klout（于2018年与Lithium科技公司合并后立马被关停），也是看重人气和潜在影响的能力，而不是衡量真实产生的影响。"（像Klout这样的衡量方式通常不准，比如我当时在Klout上被定义为美食意见领袖，我的朋友和家人对此都觉得不可思议，因为我一点也不擅长做饭。）萨顿表示："尽管人们在分享，不代表人们真正受到了影响。但在当时，Klout是我们唯一的工具。好在现在我们有了进步，但这真的花了很长时间才让大家意识到以往的衡量方式是错误的。我们需要了解意见领袖是如何改变人们的行为的，而不是看他们有多少粉丝数。"

我问萨顿，我们应该衡量什么来有效看出意见领袖是否产生真正影响，他说："这个问题没有容易得到的答案。但总的来说，你可以使用特定的追踪手法来了解是否有人受到了影响，以及人们是如何反应的。传播范围可能只是其中很小的一部分。品牌想要知道的不仅是传递出的信息让多少人收到了，还包括人们有没有因此产生品牌期望的行为。比如，有没有产生消费。如果品牌的信息传递给了5万人，但是没有一个人购买产品，那就是浪费钱。要衡量关键的指标。"

为了达到这个目的，你需要与合作的意见领袖一起进行案例研究。萨顿表示："好的意见领袖早已开始了这项工作，这就叫专业。他们不是拿钱就完事儿了，他们会询问你的品牌活动目标是什么，并帮助你策划可以实现目标的内容。意见领袖的存在不仅仅是给品牌提供粉丝量，他们必须要真实，他们本身做的事情要和品牌相契合。专业的、优秀的意见领袖应该有可以证实自己的成功案例，就像是公共关系公司向他们的客户展示自己一样。"

　　营销专家马克·里特森在2018年的《市场营销周刊》里发表了一篇非常精彩的专栏文章。其中，他引用了脸书亚太区办公室的负责人尼尔·斯图亚特在新加坡的一场新闻发布会的发言"我可以请求你们停止使用"意见领袖"这个词吗？因为这个词语让我认为你会给我带来影响。作为一个意见领袖，你必须对某件事产生影响。我认为很多所谓的"意见领袖"都没有做到这一点。他们有很多的朋友、粉丝阅读他们的内容，但是如果你不能向我证明，这些朋友和粉丝的行为、态度因你产生了改变，我几乎可以到法庭上告你们，因为你们使用了错误的、误导性的描述。"

　　品牌会在与意见领袖的合作中迅速了解谁才是值得合作的人，以及如何避免与夸大影响力的人合作。这是一个相对年轻的行业，我们需要一些时间让市场变得更成熟。在那一时刻到达之前，品牌有责任做好前期的调查，并选择和优质的意见领袖一起合作。这些意见领袖应该拥有真实粉丝的忠诚与信任。这样，在品牌面临危机时，他们才可以帮助合作品牌快速地将想要传达的消息有效地传达到公众中去。

　　但是，要明白"信任"不一定等同于"影响力"。里特森解释道："一个人愿意追随你、相信你，不代表他同样会受到你的影响。"相信为人父母者都会有同感。他继续解释道："我十分信任我的父亲。但是自我成年后，绝大多数时候我都不会受他的影响。他有关足球、食物、天气等各种观点都不会影响我。'信任'不是'影响力'。"

什么是真正的影响力？

　　如果信任不是影响力，那什么是呢？我的定义是：一个真正的意见领袖是值得被信任的、并且能够主动改变人们行为的人。不管这种改变是不是通过网络，也不管改变的是一个人还是很多人。

前不久，我经历了漫长而痛苦的买房子的过程。决定在哪里买的过程里，我和我的妻子一起阅读了很多房产相关的文章，浏览了多个当地的论坛，调查犯罪率以及交通情况。我们还去了当地的酒吧和饭店，向居住在附近的居民了解更多的情况。当我们想了解哪里可以获得最实惠的贷款时，我们想起了认识多年的一个独立顾问。我们通过朋友介绍联系到值得信任的产权转让专家，结识了和我们合得来的中介，并拒绝了曾经态度恶劣的中介（即便我们可能因此错过一所很棒的房子）。所有这些人和事都对我们做决定产生了真正的影响。他们不是社交媒体上粉丝众多的名人，但他们的经验是我们看重和需要的。

当然，有些意见领袖对于他人购买产品和其他行为的影响力可能是巨大且广泛的。比如梅根·马克尔（现在的苏塞克斯公爵夫人）。但凡她出现在公众视野，她的同款服装就会在几个小时之内卖空。大众想要追随她的风格，所以她对于人们的消费决定就有很大的影响力。2018年，她被《时尚杂志》评为世界上最具影响力的女性之一。该杂志不仅赞扬她对时尚和风格的影响，还指出，作为"美国的反种族歧视和女权主义者，她正在为君主制树立21世纪的新身份"。作为一位公众人物，她与英国哈里王子的结合更让她成为世界上被拍摄最多的女性之一。她的影响力也得到了空前的提升。（其影响力的再度飙升与社交媒体无关，因为她在结婚前就删除了自己的社交媒体账号和个人风格网站）当然，她的影响力可以持续多久，我们还要拭目以待。

公共人物具有改变他人态度与行为的能力。但是他们必须对这个特定话题抱有真正的热情，或者有个人的计划才能使其成为现实。黛安娜王妃在1987年与一位艾滋病阳性患者握手的场景大范围地增强了人们对于艾滋病的理解。过去，人们以为艾滋病可以通过皮肤接触传播。在安吉丽娜·朱莉宣布她要进行双乳切除术后，接受乳腺癌筛查的人数明显增加。若不是这两位本身对各自的话题有着浓厚的兴趣或是与个人的利益息息相关，他们对人们行为和态度的改变也不会这么巨大。这正是影响力的威力所在。

影响力的基本原则并没有衰退，只不过是被市场营销人员曲解和滥用，导致其意义的改变。无论意见领袖是不是基于网络，我们都会向那些与我们有关系、能够激励我们、让我们有信任感的人寻求意见与帮助，也只有他们才能真正影响我们的消费与行为。这也是品牌应对危机的关键所在。

与意见领袖合作

现代语境下对"意见领袖"的分类大致依据的是其粉丝量和互动数量。聪明的品牌则还会衡量意见领袖产生行为影响的潜力，比如网页浏览、销售额与订阅数的增多。2018年ZINE意见领袖营销报告将意见领袖划分为四个级别："微型意见领袖"（粉丝数量在2千至3万之间）、"中型意见领袖"（粉丝数量在3万和25万之间）、"大型意见领袖"（粉丝数量在25万和100万之间）和"名人意见领袖"（粉丝数量超过100万）。

尽管在目前的影响力市场中"信任"并非唯一指标，但正像尼尔·斯图亚特说的那样，让消费者感到可信是极其重要的。ZINE的调研显示人们更倾向于从他们认识和信任的人那里购买商品。所以，取得成功的关键是找到在各自社交圈有着真正影响力的人，这些人的意见和建议被身边的人相信，无论人多人少。和这样的人合作，你就掌握了意见领袖营销的精髓。

如何判断一个意见领袖是否在购买假粉丝以及虚构互动量？

> **ZINE给想要了解意见领袖影响力真伪的品牌提出了以下几点建议：**
>
> 1. 从意见领袖的主页中随意选取一些粉丝，查看他们账号的粉丝与关注的比率。一般来说，虚假账号看起来是真的，但它们本身没有什么粉丝，却关注了成千上万个其他账户。
> 2. 查看意见领袖的互动率。如果他们有成千上万的粉丝却没有互动，就有可能购买了假粉丝。
> 3. 查看互动的类型。互动也是可以购买的，如果你发现了互动形式是固定的，也有可能是假账号。
> 4. 留意粉丝数的突然减少。如果某社交平台清理了大量的虚假账号，那么就会导致购买的粉丝数骤减。
> 5. 查看意见领袖粉丝的地理位置。如果意见领袖分享的是美国的生活方式，但其粉丝却定位在伊朗就很可疑了。

和具有真实的忠实粉丝的意见领袖进行合作是品牌在面临危机时重要的资产。在应对危机时，不要忘记他们可以起到的作用。有关如何在危机中快速地向意见领袖粉丝群体释放信息，会在后面的章节进行更详细的讨论。

避免让你的意见领袖变成危机

当我帮助品牌策划意见领袖营销方案时，也会提前想好如何应对他们可能出现的威胁品牌形象的行为。比如，与健身品牌合作的体育明星打架斗殴时，品牌该怎么办？与健康品牌合作的意见领袖被发现吸毒时，品牌应如何应对？

有时，危机的产生并不完全是因为意见领袖本身。2018年初，油管知名博主洛根·保罗因为日本青木原森林视频事件（该森林被称为"自杀森林"，因为有许多人来到这里自杀）被各大赞助商当成了烫手的山芋。当时，保罗在青木原森林里拍摄，当他路过一具在树上吊死的尸体时没有停止录像，并且把视频上传到了油管。这个视频在网上得到病毒式的传播，并成为了油管热搜，直到保罗迫于压力不得不把视频删除。

多次道歉并短暂离开油管一段时间后，保罗本人并未因这件事受到太大的伤害。快进8个月，也就是2018年8月，保罗和另外一位油管博主KSI的拳击比赛为油管大概带来1100万美元的收入，并吸引了77万人在油管上进行观看。（尽管据美国科技新闻媒体The Verge报道，在Twitch上观看非官方视频的人数比油管更多，达到100万人次。）鉴于保罗是油管红人计划中的重点合作对象，先前的青木原森林事件反噬了油管，公众声讨油管不应该让这样的视频在网上大肆传播，并且指责其没有尽职地关注重点合作对象制作的内容。随后，油管与保罗终止合作。但是，类似保罗这样的和油管合作的内容制作人被称为"油管红人"（YouTuber）的事实让油管很难与他们彻底撇清关系。2018年8月，梅根·法罗克曼尼什为The Verge撰文写道："在2018年谈论与油管相关的话题，一定会说到青木原森林视频事件。保罗不仅使油管备受谴责，也成为了平台改革的催化剂。"越来越多的广告商拒绝和这样的争议事件扯上关系，也促使油管加强对视频和广告内容的管理。

媒体与信任

媒体行业虽然在衰落，但依然有促成变革的力量

乔纳森·伯恩斯坦是伯恩斯坦危机管理公司创始人，他在2016年的一篇个人网站文章里写道："社交媒体的角色是快速地传递信息，传统媒体的角色是传递真实的信息。"

在我父母的年代，他们会订阅报纸。每天早晨报纸送来后，他们会边吃早餐边阅读。周末时读报纸则更是一种享受，他们会一边漫不经心地翻阅各个版面，一边慵懒地吃着早午餐。我这一代人更倾向于从报亭购买报纸，而不会使用订阅服务。但我依然记得从头到尾地阅读一份报纸的快乐感觉，我从评论版面中得知什么书值得我阅读，看旅游专区则会让我畅想我的假期。在我的职业生涯早期，我在一家旅行社工作。我记得每当一款旅游产品在国家级报纸或是旅游电视台获得报道后，销售额都会大幅增加。我说的大幅增加毫不夸张，因为公司会在这期间让客服中心的员工24小时在线才能满足客户的需求。

世界已经变了——印刷发行已经衰落，指向性阅读（指由编辑引导读者从一个故事阅读到另一个故事）几乎消失。取而代之的是争相博取眼球的新闻头条标题，它们依靠社交媒体来拉动网站访问量，并以此获取读者的忠诚。正如之前所讲，现在的读者几乎不再区分新闻的来源，报纸新闻和社交媒体新闻对他们来说是一样的。同时，虚假新闻造成媒体信任危机空前严重。报道事实真相往往没有那么博眼球，而且发掘事实真相需要时间；相比之下，精心策划的故事则更能够激发人们在社交媒体上进行参与。

尽管如此，传统媒体依然具有影响力。媒体的部分角色是让领导层、组织和政府保持透明化，对公众负责。在"后真相"时代，这个角色更加重要。尽管媒体的综合信用下降，但《爱德曼信任晴雨表》调研指出人们对于"媒体人"的信任却有所增加。例如，近几年最大的丑闻就是由优质的调查新闻报道揭露的。加拿大《环球邮报》在2018年有一档新闻栏目叫做《未经发现》。该节目跟踪报道了加拿大警方处理性骚扰案件的方式。这个报道，包括其牵头的媒体人罗宾·杜利特尔因此赢得了一系列的奖项。更重要的是，《未经发现》促使执法机关更积极地关注此类案件的处理方式，并处理超过37000个性骚扰案件。卡萝尔·卡德瓦拉德是一位英国记者，她用了两年的时间深入调查了脸书与剑桥分析公司的丑闻。阿米莉亚·简曼针对英国的风潮丑闻进行调查、报道并发起新闻运动，产生舆论影响，最终使内政大臣安珀·路德辞职。因此，她赢得了保罗·福德奖。卡德瓦拉德、简曼和《卫报》的主编凯瑟琳·维纳也被《时尚杂志》纳入世界上最具影响力的女性名单。

这样看来，传统媒体正在新时代重新定位自己，它们的未来也渐露曙光。2017年，路透社表示，至少在美国，付费新闻的千禧一代数量史无前例地增长。18岁至24岁付费阅读新闻的美国青年由2016年的4%上升至2017年的18%。25岁至34岁付费阅读新闻的美国人也由2016年的8%上升至20%。

付费新闻订阅人数增长的现象为什么会发生在美国呢？研究表明有两个原因。一是因为年轻一代观众更认同付费意味着获取更优质的内容，比如网飞、Spotify（提供音乐服务）。另外一个原因是，自上次美国大选结束，更多的年轻一代想要获取更值得信赖的新闻。这对于媒体行业来说都是好消息。《纽约时报》的年轻订阅者数量增加尤为明显。美国政治新闻媒体《政治》2017年报道这一现象的原因是，现在的年轻人认知品牌的意识非常强。就像我们第一章讲到的，政治倾向对于他们来说如同自己钟爱的品牌一样重要。这是年轻人对世界的一种宣言，政治倾向代表了他们一部分的价值取向。

康泰纳仕是《纽约时报》的母公司，其消费者市场营销副主席德韦恩·谢泼德在接受《政治》的采访时谈到，千禧一代订阅纸质版《纽约时报》的人数比年长他们的订阅者要高10%。他说："有许多千禧一代出乎我们意料地选择了纸质版杂志，或者是同时订阅电子版和纸质版。"这是他们的一张名片，向外界展示自己的方式。比如，在地铁上或者是机场，阅读纸质版的《纽约时报》会向周围的人发出一个信号，即这是我在意的、我阅读的内容。

政治运动、理想主义和反智主义

反对特朗普的左倾千禧一代为了寻求真实新闻而促使了付费媒体订阅服务的增长。但同时，也有一批年轻人因不同的思想认知而对此类专家式的媒体服务敬而远之。明尼苏达大学的马特·莫塔研究了过去四十多年来人们对于专家态度的转变。他的研究发现，美国不同党派的支持者有着明显的意见分化。以科学界为例：1974年，保守党和自由党两派对于科学界的信任度大致相同（自由党52%，保守党50%）。但是，到了1994年，两党数据开始分化。2014年，自由党有53%的支持者相信科学专家，而保守党却只有36%。由此看来，尽管人们更愿意相信个体，而非组织结构（《爱德曼信任晴雨表》的调查结果），但一旦涉及到诸如政治、宗教信仰这样的话题，人们会带有非常强烈的主观意识，只会听他们想要听的专家意见。毕竟，我们更愿意信任和我们相似的人。

这种行为对品牌、组织和立法者来说意义深刻。在这样一个世界中，如果所谓的自由精英支持的是通过环保立法应对气候变化，那么反智主义就会来组织这个计划的进行。如果一个品牌能对人产生影响、让他信任或因你而受到启发，这种关系对于改变态度和行为有着非常强大的影响力。

> **行为总结：理解危机中的影响力**
>
> - 谁能真正影响你的受众群体？粉丝数量并非准确的衡量标准。能够对行为产生影响的人才是真正具有影响能力的人。
> - 要仔细对意见领袖进行调研，确保他们的粉丝和互动是真实的。同时，要对他们进行背景调查，看他们是否会对品牌产生潜在的威胁。
> - 将意见领袖可以发挥的作用也列入危机应对方案中（本书第三部分会更详细地讲解这个主题）。
> - 不要忽视传统媒体对大众，尤其是年轻一代的影响力。
> - 你的意见领袖的听众是谁？他们是在鼓吹自己的影响力，还是产生了真实的态度和行为的改变？

第四章
群起而攻之!

不同以往的应对负面舆论与坏消息的方式、社交媒体的角色

"欺负一个霸凌者是对的吗?"这是我和罗希特·巴尔加瓦讨论的话题。他是一名创新和市场营销专家,奥美公司前任策略师,以及非显著现象公司的创始人。每年,他的《非显著现象》都会提出并精选即将影响品牌营销的15个趋势。我喜爱《非显著现象》的原因是他对于前一年预测趋势的回顾,以此来证实预测的准确度。这些趋势是真实的,并且值得品牌采取行动。2018年,得州奥斯汀年度大型互动式文化节SXSW上,我听到巴尔加瓦对于社交媒体的分析,这是我第一次听他的演讲。我惊讶地发现他的趋势预测和我对社交媒体对品牌危机的影响的看法相辅相成。

2018年《非显著现象》预测的其中一条强调了"操纵引发众怒"的趋势。这一趋势显示"媒体、数据分析以及广告联合起来营造持续不断的噪音,在社交媒体和现实生活中引发公众愤怒情绪和行为。"愤怒本身并不新鲜。自古以来,这便是人们的一种直觉反应。当族群里有一名成员叛变,就会促使其他族人实施正义的行动,群起而攻之。成为群体中的一部分是古人们生存的关键法则。

当某些事情触及我们的核心信念或价值观时,我们会感到愤怒。这些核心信念或价值观包括宗教、政治、道德、国家民族利益等。而且它正在

越来越多地发生。

社交媒体让我们表达和分享愤怒的方式产生了至关重要的改变。第一大改变体现在我们无须面对面地和愤怒对象交涉。面对面的时候，人们更可能产生同情心。但是网络的匿名世界给人们提供了掩体，让人们更容易变得残酷无情、无所顾忌。

巴尔加瓦说："我们认为以霸凌者的方式反击一个霸凌者是正确的。但是，这真的对吗？我这样问自己，也会和我的孩子们一起讨论这个话题。拿特朗普举例：因为他取笑别人，我们取笑他就是正确的吗？我认为这只会让人们在毫无善意而言的黑洞中越陷越深。"

我问他，你如何教导你的孩子处事呢？他说："我和我的孩子们进行过一次有趣的对话。我们试图讨论对别人说'闭嘴'是不是粗鲁的表现？人们需要重新思考我们对待其他人的方式。我们需要善以待人。我们必须教导孩子这样做，如果他们在现实世界里这样对待他人，就会建立健康的人际关系。"

问题是，像虚假新闻一样，制造公愤会产生经济利益。在21世纪第一个十年的中期，当时美国一个知名的在线约会网站的营销人员找到我们公司寻求合作。在双方正式会面前，我们发现该网站在鼓励婚外情。于是，我们拒绝了和他们合作。后来又发现它们的公关目标就是要通过引起公众的强烈谴责来吸引更多人的关注。他们的做法如愿以偿地引起公愤，人们要求关停这家网站。该网站的营销人员根据他在美国市场的经验，清楚地知道这种公愤会增强大众对该网站的认知，从而促进使用服务的人数。

内容的爆发与病毒式传播

蒂姆·吴在他的书籍《贩卖注意力》中表示,社交媒体的商业模式就是"吸引和二次贩卖人们的注意力"。我们在新闻列表中看到的内容是媒体公司对我们的操纵,以此来影响我们的行为(获赞、评论、分享)。听起来熟悉吗?使用新闻来影响行为并非新鲜事。在第一次和第二次世界大战的时候,思想宣传深刻地影响了人们的行为:参军、从事重要战事工作以及提高士气。

但真正吸引我们注意力的是让我们愤怒的故事。伯杰兰德和米尔克曼的调查显示,人们更喜欢分享能够引发"强烈情感的内容,或是正面的,比如让人惊叹、称赞的;或是负面的,比如让人愤怒、紧张的。"相反的,如果内容引发的感受不强烈、很平淡,就不能引起广泛的传播。核心是,那些强烈到引发生理反应的内容才是人们会分享的内容。人们会因此想要做些什么。无论是正向的,比如说去帮助一个遭到不公正待遇的人;还是反向的,比如说攻击一个对社会产生威胁的人。

这与品牌管理也息息相关。伯杰兰德和米尔克曼的调查还显示,比起分享一个品牌所做的好事,人们更有可能分享顾客受到恶劣对待、引起公愤的事件。在研究引发病毒式传播的原因时,伯杰兰德和米尔克曼设置了一个实验,测试人们对同一个客服事件不同结局的转发分享倾向。他们以联合航空臭名昭著的吉他事件为例,准备了两个不同版本的陈述方式,并将两个版本的故事呈现给随机挑选的两组人,统计谁更有可能分享。事情原委是一名音乐人在乘坐联合航空的飞机时,吉他被行李分拣员摔坏了。第一个版本被研究人员定义为"高愤怒指数"版本。此版本的标题是《联合航空砸坏吉他》,描述了行李分拣员毫不在乎乘客的行李箱,且联合航空事后拒绝赔偿。第二个版本是"低愤怒指数",被冠以的标题是《联合航空让吉他有了轻微凹痕》。该版本描述行李分拣员使吉他轻微损坏,但是联合航空愿意赔偿损失。不出意料,那些看了高愤怒指数版本的人们转发这个故事的概率更高。

　　社交媒体上充斥着越来越多令人愤怒的故事。并且,这些愤怒的故事被我们在社交网络中分享。在普通的生活中,我们其实并不会经历这么多事件,但是在网络上却随处可见,或许这就是人们变得更容易愤怒的原因,至少在英国是这样的。BMB在2017年的一项研究表示,21%的成年人说他们比前一年有着更令人愤怒的经历。分享这些故事定义了我们是谁,这也是一种印证,一种展示我们是怎样的人的信号。"我讨厌这个,我因为那件事而愤怒。"社交网络中令人愤怒的故事更容易让人们转发、签署请愿书,或是来攻击一个人。

　　前几年,我经历了一个奇特的事件。当时我正在为英国的大型零售商约翰·刘易斯写有关圣诞广告的博文。长久以来,该公司充满想象力的圣诞广告都是其一大特色。这个广告讲述了一个小朋友不忘记给家中的宠物狗买圣诞礼物的故事,广告场景是圣诞雪夜,在这家人房子外有彩色小灯装饰的狗窝旁边。广告播出后遭到了动物保护组织的反对。他们认为狗窝不应该出现在雪地里,而应该在家中。一个规模很小但是很活跃的组织在脸书上发起了一项活动,他们的声讨引起媒体关注,敦促约翰·刘易斯重新拍摄广告。

　　我的博文里没有评论广告中的狗是否应该出现在门外这件事。我只是单纯对约翰·刘易斯的应对方式,以及如此小的一个小组织居然能够在社交媒体上产生如此大的影响很感兴趣。在我发表文章后的几天,我成了这些活动家的攻击对象,被他们恶语相加。我的个人信息被发布到活动小组的页面里,并且被叫做约翰·刘易斯的傀儡(尽管我从未为这家公司工作)。当时,在推特和文章的页面里还出现了许多攻击性的评论。这些评论大部分都被我删除了。几天后,整个事件渐渐平息,我的人身安全也没有受到威胁。但是,这件事足以让我感受到在社交媒体上成为众矢之的是什么滋味。

冤冤相报

莫利·克罗基特博士是耶鲁大学心理学系助理教授,她谈论过因违反社会公德而引发公众愤怒,谴责和惩戒的行为。她表示经由媒体放大了的社会恶劣事件会有两个结果:一是公众对此感到疲惫,二是人们变得更加愤怒。她的研究表明人们更可能通过网络了解违背他们日常道德行为准则(引起民众愤怒)的行为,而非通过面对面或是传统媒体(纸媒、电视或广播)的形式。在社交媒体上表达愤怒给我们带来社交效益。如果我们亲眼目击了某件恶劣行为,并且对此表示愤怒,那么只有在场的人能听到我们的声音。但是,在网上表达愤怒则会有更多的观众看到我们正义的美德。在她2017年的论文《数字时代的道德愤怒》中,克罗基特博士表示尽管社交媒体声称它们只是提供了一个让大家表达已有情绪的中立平台,但其本身也在激励这种负面的网络行为。它们的算法让更多可能激怒我们的内容出现在页面中,并且在我们转发这些内容之后给我们点赞、评论以及更多分享的社交奖励。而这一切是不是让分化变得更加严重呢?

克罗基特说:"社交媒体通过放大恶劣事件、降低个人成本、放大个人收益的方式鼓励公众表达愤怒。同时,社交媒体也可能通过降低规范信息的传播率来减少公愤的社交效益,甚至是通过加剧两极分化而增加新的社交成本。"通常人们在自己的朋友圈表达观点很少会遭到反对，因为在同一个圈子的人基本上都有着共同的价值观。如果我们很少遭到反对，说明我们没有机会扩大自己的视野。于是，我们的思想变得更加单一。我的朋友圈在有关英国脱欧的话题上就充分体现了这一点。在整个圈子里，讨论不同观点或是针对某一议题进行辩论没有任何空间，甚至连看到另一派观点的机会都没有，如果他人认为你对另一方观点保持开放态度都会被屏蔽或遭到挑衅。

巴尔加瓦告诉我，他希望各大社交平台可以对自己发布的内容更加负责；但与此同时，用户也有责任不局限在自己的圈子里，只听取与自己观点类似的观点。他说："作为个体以及从文化的角度出发，我们必须把提高媒体素养的任务放在首位。我们必须摒弃人云亦云的习惯，不要因为其他人分享某事、相信某事就不假思索地相信。"在这个时代，我们几乎可以通过网络得到任何我们想要的信息。但是，人们可能因此"变得更加消息灵通，也可能变的更加局限狭隘。你可以很快地找得到加强你已有观点的内容。所有故事都是有联系的。人们要学会跳出机器的算法，选择阅读和吸收和你世界观不尽相同的内容。"这包括阅读外国的媒体报道，巴尔加瓦说："不要陷入某一国家媒体的偏见中。我在离开美国的时候，就可能去读《半岛新闻》或是《卫报》。他们会给你提供不同的观点。"我们要学会挑战固有观点，"比如我们在亚马逊上看到三个人都表示某产品不好用，那么我们可能就会想这一定是真的。但是我们并不认识这些人，也不知道他们是否可信。人们认为'人数越多越可信'的心理会成为一个问题，尤其是当这些数字并非基于信用，而是通过'水军'而来。"

莫利·克罗基特问我会不会讲到线上媒体和社交媒体网站算法激励人

们形成在网络上表达愤怒的习惯。她说网民在表达对某一事件的愤怒后会随机收到正向反馈（比如点赞、分享和评论）。这是一种"众所周知的促进习惯形成的强化模式。这就像一个习惯吃零食的人尽管不饿也会去吃零食；一个习惯在网络上羞辱别人的键盘侠尽管没有因为某件事而真正的愤怒，也会去攻击别人。"人们会不会仅仅因为想要在某一群体中获得归属感而表现出网络愤怒行为？还是像克罗基特支持的另外一个观点那样，我们处在社交媒体高度曝光社会恶劣事件的环境下，以至于每一个人都感到更多愤怒的情绪？这实在是一个可怕的现实试验。

具有积极意义的公愤

当然了，网络公愤也有其积极的一面。比如，"黑人的命也是命"和"我也是"的标签运动就展示了人们超越固有思想后团结的力量。成为某一运动的一份子对于有着类似过往经历的人具有很强的治愈性。比如，性侵受害者通常在很长一段时间后依然感到羞耻和无助，迫切想要加入一项运动让她们感到自己并不孤单，她们的声音被更多的人听到，她们也可以带来真正的、有力量的改变。同时，我们也会在第七章阐述更多的有关品牌如何参与到这样的运动中来发挥自己的力量的方法。

公愤的循环

斯坦福大学心理学教授贝努瓦·莫宁和研究生泽冈拓也在2018年的一份研究中发现，当公众的愤怒得到病毒式的蔓延时，会引发将此视为霸凌行为的人们新一轮攻击。这就激发了针对原始公愤的新公愤。莫宁和泽冈拓也的研究测试了人们对于引发公众愤怒的侵犯性或是争议性内容的反应。研究发现，当出现了第一个针对原内容的攻击评论时，人们认为这是一件好事。但是当出现了越来越多的恶意评论时，参与测试的人们呈现出对于原内容发布者更高的同情心，他们甚至产生了针对发表反对评论的人的负面情绪。

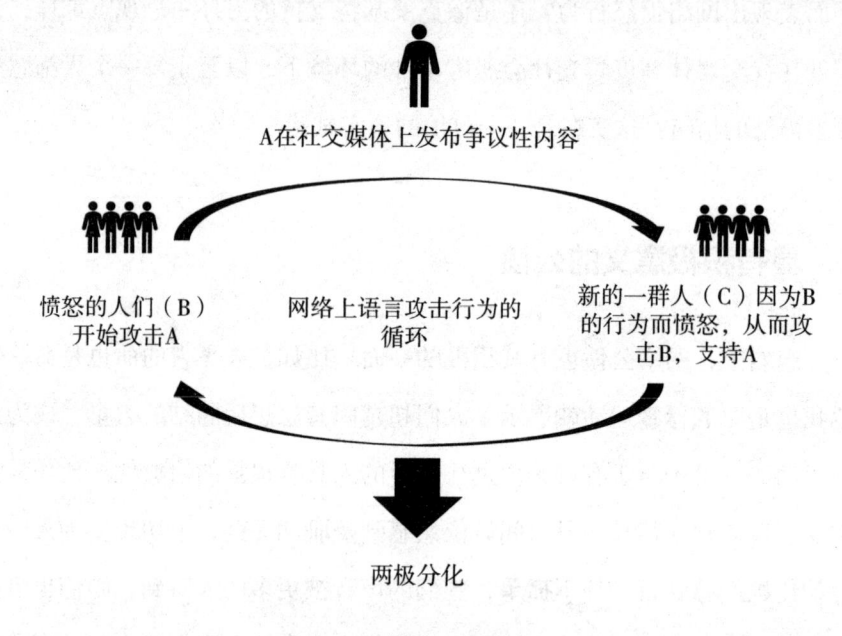

```
        A在社交媒体上发布争议性内容

愤怒的人们（B）    网络上语言攻击行为的    新的一群人（C）因为B
开始攻击A              循环              的行为而愤怒，从而攻
                                      击B，支持A

                    两极分化
```

图1　公愤循环示意图

我们是如何打破这样的恶性循环呢？我引用了布尔加瓦的话来做最终的总结。他说："作为个体，我们因为各种各样的原因聚集到一起。我们可能有不同的政治观点，但是我们依然有着其他共同热爱的事物。比如体育、音乐、旅行。这些共同点将我们团结到一起。我们需要做的其实很简单，那就是找到更多的共同点。"

行为总结：应对新的挑战

1. 表明自己的立场有利于品牌，但是要仔细思考这样的立场可能带来的后果。
2. 实时掌握社交媒体上主流用户的真实情绪与感受，而不是非主流网民和键盘侠的观点。
3. 当你的品牌做了某事引发了公愤，在采取行动前先暂停一下。等待语言攻击行为的循环完整形成，这样你就可以掌握消费者的真实感受。
4. 创造机会让人们分享能够团结他们的内容，而不是让他们分裂的内容。

第五章
不愿延迟满足，要与讯息同步

管理消费者想要得到及时消息的心理预期

人们愿意获得及时满足的天性

我们在想得到某个东西时不愿等待，而是马上得到，这是人类天性使然。史前时代，人类生存充满不确定性，往往是吃了上顿没下顿，所以必须仰赖于快速做决定、快速采取行动的能力。延迟满足是行不通的。人们一旦感到饥饿，并且获得了食物，便要马上吃掉它，而不会等待去看有没有更好的美食出现。人类趋乐避苦，延迟满足会带来焦虑。只有随着年龄的增长，我们逐步意识到，在某些情况下，延迟满足或许会获得更好的结果。

莎拉姆·希什玛特是伊利诺伊大学荣誉副教授。他在2016年《今日心理学》杂志的一篇文章中写道："一般来说，我们都想要及时获得想要的东西。自我否定会带来心理不适。从进化学的角度看，人类的本能即是抓取一切可以掌握在手的奖赏，反抗这一本能则十分困难。通过进化，人类以及其他一些动物对于获取及时奖赏有着强烈的欲望……正如其他动物一样，人类得以生存和繁衍的原因是具有抓取虽然较小，但是即刻就可以得到的奖赏，而非那些更大的，但是需要等待才能得到的奖赏。"

获得及时满足的欲望在心理学中被称为快乐原理。这个短语首先由西格蒙德·弗洛伊德提出。尽管他的许多理论都已经不被认可，但是有关快乐原理的理论却延续至今。概括来讲，快乐原理指的是人类对于基本需求和冲动必须得到即刻满足的寻求。这些基本需求和冲动包括：空气、食物、水、庇护所和性。这也和呼吸、进食、饮水和繁衍后代的需求相互呼应。如果我们无法满足这些需求，就会感到紧张与焦虑。

但是，这些需求和冲动随着进化也发生了改变。现在，我们的需求可能是新的手机、更大的房子、一杯红酒或是一套崭新的西装。同时，我们身处信息时代，也需要掌握更多的信息。

延迟满足过程中信任的重要性

斯坦福大学心理学家沃尔特·米歇尔在20世纪60年代和70年代进行了著名的棉花糖实验。该实验测试儿童延迟满足的能力。他把棉花糖放在孩子们的面前，并给他们一个选择：他们可以现在就把棉花糖吃掉，或者等待15分钟，将会获得额外的一块棉花糖。孩子们想出了许多巧妙的方法试图让自己等得久一些，比如把棉花糖藏起来，把眼睛遮住，或玩弄头发来转移注意力。对于大多数孩子来讲，想吃棉花糖的欲望更加强烈，最终只有三分之一的孩子等到了第二块棉花糖。

2012年，罗切斯特大学的大脑与认知科学博士生候选人塞莱斯特·基德将棉花糖实验进行了几项重要的改进，并重新进行了测试。她的实验目的是研究信任或不信任的情感会给孩子们的选择带来什么样的影响，他们在什么样的情况下会遵循快乐原理，马上就吃掉棉花糖；又在什么样的情况下会等待，并获得第二块棉花糖？

参加实验的孩子们被分为了两组。实验人员给两组孩子都分发了用过的蜡笔，并承诺如果他们能够等几分钟再使用蜡笔，就会获得更多的、更好的画画工具。两组孩子都进行了等待。但是，实验人员只向其中一组孩子兑现了承诺，并抱歉地告知另一组孩子新工具没有了。没有获得新工具的孩子们依然可以使用之前的蜡笔，实验人员还帮他们打开了蜡笔盒子。之后，基德将蜡笔换成了贴画，又重复了一次实验。两个小组都被分发了一张贴纸，并被告知实验人员会从隔壁的房间拿来更多。上次被兑现承诺的小组获得了更多的贴纸，但是另外一组仍被告知贴纸没有了。

紧接着，她又进行了棉花糖实验。两次都被食言的孩子们立刻就把棉花糖吃掉了。他们已经不相信实验人员会给他们拿来第二块。

这个实验告诉我们，如果我们不相信某人，就不会等待他们去做承诺的事情。将这一原则运用到品牌管理危机中依然如此。乔·史密斯在得知自己经常购物的零售商被黑客盗取数据库后便联系了这家商店，他担忧自己的财务信息被盗。乔是这家商店的老顾客了，并且与之一直保持良好的关系，他相信这家商店。简·布朗也是这家商店的客人，也因黑客事件而联系了商店，她同样担心自己的数据被盗的危险。但是，因为之前在分店的几次不良购物经历让她不相信这家品牌。

随后，这家零售商的社交媒体团队联系到了乔和简，并将提前准备好的话术转达给他们。话术基本表达了这样的意思："我们悉知数据被盗并且正在调查。客户的信息安全对我们来说万分重要。调查一旦有任何进展，我们会马上联系您。"（我们经常能看到类似的话术，通常在品牌遇到危机的初期，他们会这样安抚消费者。）

乔与简对此解释的反应十分不同。乔相信该零售商正在认真调查，并且一旦有新消息会让他马上知道。但是简却认为这家零售商完全没有能力处理好这件事，并且在撒谎。他们的反应都是基于之前跟零售商不同分店打交道的经历产生的。

让乔和简相信该零售商的唯一方式并不是安抚顾客的话术，而是多年以来，这家零售商各个分店与顾客建立信任的过程。信任是客户唯一愿意等待你提供给他们想要的信息的重要理由。它决定了顾客是不计前嫌，在危机中继续支持你；还是离开你，并且通过社交媒体让你陷入更深的泥潭。

"刷新"，社交媒体让人们停不下

亚马逊（Amazon）和网飞（Netflix）的出现，让人们几乎不必为任何事进行等待。如果你想要什么东西，亚马逊可以在一小时内把它快递到你的家里。如果你想要看某个电视剧，网飞上可以让你一口气把整部剧看完。就连我们的电视节目都充斥着及时满足：达人秀使一个默默无闻的人一夜之间变成家喻户晓的明星；改造节目让一个人的生活在几天内就天翻地覆。科技改变了我们的期待，让人类可以充分享受本能中及时满足的快感。当我们在社交媒体上发布内容时，我们可以通过点赞、转发和评论迅速地获得朋友们的反馈。及时的回馈是令人上瘾的：当我们不断刷新页面看到更多的点赞、分享和评论时，就会产生令人快乐的多巴胺。

社交媒体对于我们接收品牌信息的数量和速度产生了巨大的影响。在社交媒体之前，如果我们想要挑战一个品牌，就必须打电话、写信或是发电子邮件（这还是科技进步了一些后才有的途径）。大多数情况下，人们也不会特别在意品牌的回复，因为收到回复的时间实在是太长了。但是现在，在推特或是脸书上发布内容相当容易。如果说电子邮件将人们收到回复的预期降低至24小时之内，那么社交媒体就将这一期待降至15分钟。

根据快乐原理，如果我们没有得到及时的回复，就会感到焦虑，如果是在一场危机中就会变得更糟，因为我们会变感到愤怒。我们不想要延迟，我们需要确定性。这种对于信息的极度需求，甚至可以牺牲掉信息来源的可靠度。

回复信息的速度是脸书推荐品牌的标准之一。2018年，企业想要获得脸书"回复信息速度快"的认证，需要在过去7天里回复90%的信息，并且回复时间要在15分钟之内。短短15分钟！而在品牌危机时，则需要超过这样的节奏，才能满足公众的要求。

对于品牌来说，回复速度的提高也提高了消费者的期待。如果你非常努力地赢得了脸书的快速回复认证，那么你的顾客就会认为这是理所应当的服务。如果你通常在15分钟之内回复客人，那么他们会认为这是正常的。所以，一旦你身处危机却没能在15分钟之内给顾客一个解释，那么他们就会认为你失控了，或是在隐藏真相。

说实话，在危机中还能保持及时回复是很难做到的。单从收到的信息数量上来讲，回复每一个人几乎就是不可能的，更不用说在15分钟内。自危机发生的短短15分钟之内，品牌方很难收集到足够多的事实来理清头绪，除非这场危机被提前预测了出来。通常情况下，在危机发生的一个小时之内给到公众第一个解释是个很好的指南，这也是危机公关人士经常提到的"黄金一小时"。

但是，速度真的很重要。在危机中，你希望品牌得以建立一个权威的声音，让人们相信这里就是他们获取第一手信息的地方。一旦他们没有从你这里得到想要的答案，他们就会转向别处，从而可能接收到并不准确的信息。

又快又好地给予回复

在危机时，我们如何又快又好地回复社交媒体上大量的问询呢？我们应该回复所有人么？这两个问题是我们给品牌危机公关团队提供危机模拟服务时，被问到最多的问题。这些问题对大多数品牌来说都不容易。在品牌遇到危机时，你应该预料到想要和品牌取得联系的人数会突飞猛涨，无论是电话、邮件、在线对话还是发布帖子。其中一个警示品牌可能迎来危机的信号就是相关的社交媒体帖子的增多。

假设你在危机中收到了太多的询问信息以至于没有办法回复所有人。一个好方法是尽可能地减少社交媒体上有关于这场危机的帖子。这意味着你要采取积极主动的信息策略：及时、有规律地更新品牌的最新进展，这样，人们就不一定非要通过问询才能得到想要的信息。

将收到的问询分类，这样会帮助你了解处理危机的正确方向。比如，你收到了几百人询问什么时候恢复营业，那么就在你的社交媒体页面里置顶恢复营业时间的帖子。提前准备好不同类型询问的回复模版，在发布时进行针对性加工，这样会让发布信息更加快速。

所有信息窗口也要保持同步更新。确保品牌官网、社交媒体、新闻媒体、品牌客服中心和面向顾客的员工拥有同样的最新信息。

管理人们的期望。如果你暂时无法提供给顾客和公众他们想要的信息，一定要如实告诉他们，并解释原因。明确地告诉人们他们什么时候可以收到回复，这会降低人们因等待产生的焦虑感。

答应做到的事情一定要做到。很多公司在演练处理模拟危机时都会掉入同一个陷阱：他们答应人们会告知他们最新消息，但是却因为处理危机本身而分心，从而打破承诺。

如果可以的话，增加人手来帮助你处理危机。你可以向专业的机构或是品牌内部值得信任的员工寻求帮助。

不要为了速度而牺牲真相

最重要的是，在及时沟通的前提下，不要牺牲真相。2017年5月，正直数千家庭的年中假期，出游人数达到一年高峰，而英国航空的电脑系统却突然瘫痪，这导致超过一千次航班受到影响，7.5万余人的假期（还有一些婚礼）被破坏。混乱的行李系统让旅客找不到自己的行李，还有一些患病的旅客因为拿不到行李里的药品而耽误吃药时间。

英国航空对此的声明如下："英国数据中心断电后电力恢复过程中引起了电力过载。电力过载导致我们的信息技术系统瘫痪。我们知道发生了什么，现在需要找到具体原因。此次事故是电力供应中断造成的，并不是英国航空信息技术部门的失误，与外包的信息技术服务也无关。我们正在竭尽全力调查，明确事故具体原因。我们保证此类事件不会再次发生。"

然而，负责该区域电力供应的苏格兰南部电力公司公开表示，当时的电力供应没有问题，也没有发生电力过载。英国航空对此没有给出任何细节信息。于是媒体转向专家来解释到底发生了什么。记者采访了信息中心的专家，他们指责英国航空的信息中心没有安装过载保护。同年6月2日的《泰晤士报》报道中写道：是英国航空的一位信息技术部门员工不小心切断了电源才导致了此次事故。这让英国航空雪上加霜。《经济学人》此后又撰文，尖刻地评论英国航空总裁亚历克斯·克鲁兹，说他"比起一个会沟通的人，更擅长削减费用。通过这次事故就可以看出来。"

> **行为总结：在危机中，消费者是第一位的**
>
> 1. 品牌遇到危机时，应该首先考虑顾客，而不是媒体。顾客的感受如何？你能否通过定期与他们沟通，让他们降低焦虑感？
> 2. 你是否在通常的时间范围内（还是用时更长或更短）更新消息，回复询问？如果你的品牌在通常情况下的更新和回复就很快，那么顾客们同样也会认为你应该在危机中保持同样的高效率。尽量在危机发生的头一个小时就给出第一次回复。
> 3. 根据紧急性和重要性处理问询。先处理最重要的信息，即如果不回复，会给人们增加最多焦虑的信息。在最严重的危机中，这意味着将必要信息告知每一个会直接被影响到的人，以保证他们的安全。然后，再从此向外扩大告知的范围：家人、朋友、顾客。
> 4. 将问询分类，并尝试在一个回复中回答多个问题。让顾客的问询帮助你更好地掌握方向。
> 5. 尽量回复更多的信息。这意味着你可能需要增员社交媒体团队来增大回复量。
> 6. 确保理清事实。不要为了追求速度而发布不准确的信息。

第六章
理解和应对网络暴力

什么是网络暴力，网暴行为的动机以及应对方式

2013年，记者和女权主义活动家卡罗琳·克里亚朵·佩雷斯发起了一项活动。该活动成功地使简·奥斯汀的头像成为英国新版10英镑钞票上的人物印刷。这项活动发起的原因是，随着温斯顿·丘吉尔替换伊丽莎白·弗莱依成为新版5英镑钞票的人物印刷，英国纸币上除了女王之外，没有任何女性形象。

克里亚朵的活动引起了公众强烈的反应。她成为了社交媒体（尤其是推特）的网暴对象，收到了蜂拥而至的语言攻击，包括强奸和谋杀的威胁。不久后，其他支持该活动的女性也成为了社交媒体的众矢之的。其中一位是工党议员斯特拉·克里西。像科里亚朵一样，她也收到了威胁。

2014年1月，一名25岁男子和一名23岁女子因向科里亚朵发送威胁信息获罪。当月英国广播电台报道，这位名叫伊莎贝拉·索莉的女子告诉警方，发送这些推文时她喝醉了。另一名男子约翰·尼莫称自己很少社交，从小在学校被人欺负，还有学习障碍。两人最终都被送进了监狱。

2014年9月，一名33岁的男子彼得·南恩，因为向克里西议员发送人身威胁被告并获罪。据英国广播电台报道，当南恩解释为什么自己要这样做时说："这就是个玩笑。当我的大脑里出现这个想法时我就觉得非常、非常搞笑。"南恩被判18周监禁。

网暴的动机是什么？

网络暴力指的是在网络上发布恶意的、具有攻击性的内容，以引发其他用户的争论。什么样的人会在网络上这样做，原因又是什么呢？伊莎贝拉·索莉出狱后，英国广播电台安排了一次她和娜塔莉的对话，娜塔莉曾经遭受网络暴力多年。这是一次很有意义的采访。娜塔莉问索莉发送恶意的信息后有没有"感到获得力量"。索莉回答道："给受害者发送那些信息后确实感觉自己有更多的掌控权。"她表示自己并不是为了得到什么回应，只是喝醉酒后在推特上过嘴瘾。她没有完全责怪酒精，并且说自己"没有主见地随波逐流。"这样的行为让她甚至怀疑自己的精神健康。她不明白自己为何在醉酒的情况下还能写出如此明确的威胁信息。

我向心理学家吉尔·格林请教，问她人们为什么会有网暴的行为。她解释道："大多数人都会认为这样的行为无法想象、难以理喻。同时，这样的行为却出现在我们熟悉的环境中。"社交媒体给了那些可能没有机会发声的人一个发声的机会。"精神健康出现问题的人利用社交媒体这一工具来发泄自己。他们在别处没有这样的机会。"

部分原因是希望引起关注。格林说："我们都喜欢成为焦点。想一想你是如何回应一个幼儿的，忽略他们是最糟糕的做法。在缺乏积极的关注的情况下，人们就会寻求消极的关注来替代。"于是，如果你无法因为好的事情引起关注，就会去做坏事。引起的关注会给这样行为的人带来索莉所说的"掌控权"。

对于一些人来讲，惩罚都不一定产生威慑。格林说："在受到惩罚之前，他们一名不文，现在却有那么多人知道他们。这些罪犯可能本身就处在巨大的痛苦之中，或是潜在的精神健康疾病患者。"

2017年，澳大利亚位于海仑山的联邦大学健康科学和心理学院的一份研究指出，网暴者可能具有高水平的认知共情（理解他人感情的能力），但是缺乏情感共情（体验和回应这些感情的能力）。他们也显现出比平均值高的精神障碍（对他人感受缺乏关心）以及施虐倾向。认知共情、精神障碍和施虐倾向的不良结合使网暴者理解如何做可以让他人感到威胁，却又不关心他人的感受，甚至主动伤害他人。

联邦大学的研究还指出，精神障碍人士通常会寻求刺激，这也可能是网暴分子的行为动机。2014年，英属哥伦比亚大学的艾琳·巴尔克斯也作了研究，证实这一说法是正确的。据巴尔克斯所说，与其他反社会的网络行为（比如网络霸凌）相比，网暴的其中一个特点是"欺骗性与无目的"地进行破坏。网暴者的意图和身份通常比一般的恶意网络用户要模糊。

心理学家理查德·瑞恩在研究此类行为动机时，划分了两类动机，分别为内在动机（发现某事"本身就有趣"）和外在动机（通过"做某事，获得意想不到的结果"）。瑞恩谈到，将"内驱性疏导"作为一种外在动机的运行机制。这是人们为了避免焦虑，或是为了体现自我，在压力感之下引发的行为。换句话说，网暴者也许想要通过网暴行为来提升自我价值感、获得掌控权或是在自己的社交圈中寻求认可。

忽略这些人，就会带走他们的自我价值感。这会让问题变得更严重。在传播与社交媒体行业工作，我总会听到有人说"不要助长网暴者"，换句话说，就是不要回复他们，不然他们会变本加厉。我不认同这个观点。

因为这会让网暴对象成为众矢之的，而非网暴者。同时，如果说自我价值感确实是网暴行为的原因，忽略他们并不能停止他们的行为。或许网暴者的目的并不是为了引发一个明确的答复，而仅仅是想要被人们听到。

网暴中的竞赛心理

塔玛拉·利特尔顿是社交媒体公司社交元素的创始人，也是我的生意合伙人。我们共同创立了危机培训公司波尔佩欧。她将网暴者定义为一群故意在别人的伤口上撒盐，将事情越变越糟的人。她说："他们的最终目的就是要破坏。他们想要获得情绪补偿。"

利特尔顿自1995年就一直在数字化和社交媒体行业工作。在社交媒体出现之前，她曾负责管理早期的网络聊天室和论坛。她记得当时微软公司的卡通人物聊天室，人们必须选取一个卡通角色当作自己的网络身份。同时，人们还要以这个卡通形象的口吻在聊天室里说话。这种聊天很快成了一种比谁更聪明的比赛。利特尔顿说："这本来是一件很搞笑的事情，但是如果你不知道自己在干什么，就会被攻击。人们都想证明自己的回复又快又风趣。如果你不够聪明，就会被踢出局。你必须要表现出风趣幽默的样子。这就像是体育比赛。"但这很快就变成了利特尔顿所说的网络欺凌的早期形式。"每个人都藏在角色后面，没有人知道谁是谁。在真实世界里，这个人可能是和你在酒吧一起喝酒的人。但是在网络上，人们都在以另外一个人格行事。"最终，为了显得比别人更聪明，聊天室变成恶意言语攻击的地方。"聊天里充满了欺凌与威胁的行为，甚至还教唆自杀。"

利特尔顿说，网暴的核心是"一群很聪明的人互相挖苦，比谁的语言更机敏，唇枪舌剑，拉人下水，最后使事情越来越糟。"

利特尔顿还向我解释了古德温法则。这一法则来源于九十年代，当时网络上开始有人称别人为纳粹分子，或者把他们比喻成希特勒。随后，"纳粹""希特勒"这类词成为网络管理员检测网络社区健康程度的标准。在激烈讨论中，出现使用这些词花费的时间越长，就表示这个社区越健康。还有一个不成文的规定就是，一旦有人说出"纳粹"或是"希特勒"，就彻底输掉了辩论。"这一不成文的规定又引发人们鼓动他人对自己使用这些词的比赛。这是一场互相语言攻击的智力比赛。"

还有更黑暗的事情。如果网暴是一场比赛，就必须要有一个"胜利者"。这让网暴者之间形成了比谁更过分的比赛。"总会有人得寸进尺。就像在学校里，有学生对老师说脏话，接着就会有学生向老师扔东西。总会有人想要得到更多的关注，也总会有人做出更过分的行为来博得想要的关注。"

那些过分的行为是很可怕的。利特尔顿和她的团队总结他们看到的网络暴力行为包括强奸威胁、死亡威胁以及鼓动他人自我伤害或是自杀。在这一新领域，有人甚至还创造了独特的语言来滋长集体行为。比如，"人肉搜索"指的是网暴者故意将他人的个人信息公布到网络上，这样受害者就会被电话骚扰，甚至会有人跑到家门口来骚扰。"这些人把你的信息泄漏出来，让比你恶劣的人出来伤害你。他们自己可能不敢骚扰你，但却让别人来。"

"报假警"是相对新的一个恶性现象。它来源于电子游戏。现在的许多线上游戏都是组队团战，几个一起玩游戏的朋友虽然不在同一个空间，但是可以实时看到或听到对方。通过网络的连接，游戏玩家使用耳机或是视频相互聊天。如果一个玩家想要搞恶作剧，他们就会报警，谎称发生了劫持事件。特警队就会来到被恶搞的玩家住处，准备实施行动。这个人因为恐惧而作出的反应则被其他玩家通过网络看得清清楚楚。这不仅是对警力资源和时间的浪费，更可能造成巨大的悲剧。2017年12月，来自加州的25岁青年泰勒·巴里斯在玩《使命召唤》时卷入了一场两个玩家之间的冲突。冲突愈演愈烈，其中一个玩家要求巴里斯报警，并谎称另一个玩家住处发生了持枪劫持事件。武装警察按照泰勒给的地址来到了一个人的家门口。一个名叫安德鲁·芬奇的男孩开了门。武警在他摸向腰带时把他当场击毙（事后发现芬奇根本没有武器，也不认识任何一个玩家。巴里斯给了一个错误的地址）。巴里斯和另外两名玩家均被警方逮捕。

如何区分这是一个玩笑还是一个严重的威胁呢？如果一个人在网上声称自己要引爆飞机场，想必大部分人都会严肃对待，这是很正常的反应。利特尔顿的公司为一些大型公共活动管理社交媒体内容，在2011年的一场高规格活动中，有人在其中一个社交媒体渠道的公共评论区留言，声称要在活动场馆的一个座位下安置炸弹。利特尔顿亲自给警察局打电话，告知这一事件。幸运的是，调查之后发现这是一场恶作剧。然而，威胁、辱骂、欺凌在网络上变得越来越普遍，有效管理这样的事件也成为社交媒体经理的工作内容之一。

利特尔顿表示，像脱欧和美国大选这样具有很强意见分化的事件，让人们相信在网上攻击别人是可以接受的行为。"人们在网络上形成了阵营。如果说人们形成阵营是为了互相提供支持，那么这样很好。但是，如果家庭成员之间因为政治观点不同就停止和对方说话，就太糟糕了。社交媒体让我们可以把线下避免交流的话题拿出来说。"利特尔顿也讲述了她自己成为网暴对象的经历。她和她的团队曾经被请来管理一个信息技术行业人员的在线论坛。这个论坛从未被妥善管理过，也因此变成了一个什么内容都有的低俗垃圾论坛。利特尔顿说："论坛里充满了种族歧视的玩笑、女性歧视的黄色内容，已经完全失控。论坛里的女性成员全部退出，因为她们受够了里面的污言秽语。整个论坛成为了梦魇般的存在。"过了不久，论坛成员就发现新加入的论坛版主是来清理环境的。他们显然不喜欢这个改变，也没有人想让利特尔顿和她的团队留在论坛里。"论坛里的人开始变本加厉，并且针对我们进行辱骂。他们不想让我们的存在破坏他们的乐趣。"后来，他们转而针对利特尔顿。"他们把我的照片登了出来，并对我的外貌指手画脚。他们还找到了我的家庭住址，把地址发在了论坛里。我感到不安全。"利特尔顿最终叫停了这个项目，随后论坛也被关闭了。

当网暴变成集体行为

"去个人化"，即打破个人身份，成为匿名者或是集体中的一员，这或许可以解释一些网络用户的恶意行为。1970年代，一位名叫爱德华·迪纳的心理学家进行了一项现场实验，研究孩子们在变换身份后，会不会更容易不守纪律。他在万圣节期间研究了1000个儿童在"不给糖就捣乱"游戏中的行为，他诱导孩子们从房子主人家里讨来比规定数量多的糖，他的实验结果总结起来就是，如果是一群孩子一起去要糖，那么每个人就可能要到更多的糖；如果独自去要糖，房子主人就会称呼门口孩子的名字，被叫到名字后，他们就不太可能去拿更多的糖。所以，如果人们处在一个集体里，或者是匿名的时候，就更有可能破坏规则。

早在2004年社交媒体还未兴起之时，心理学家约翰·苏勒就意识到人们在网上更有可能表现出强烈的、更具表现力的行为。他称这一现象为"网言无忌效应"。有一些人会因此展现出"良性去抑制"，"展现出不同寻常的善意和慷慨，有时还会对他人伸出援手"。但是另一些时候，也有人会展现出"恶性去抑制"，通常结果就是"粗俗的语言、刻薄的批评、仇恨甚至是威胁"。这就是网暴的世界。

> 苏勒将造成"网言无忌效应"的6大因素分类如下：
>
> 1. 解离性匿名：人们在网络上和现实生活中的角色是分离的。用户认为不需要为网络上的行为负责。
> 2. 不可见性：在网络上缺乏实体存在让人们产生了匿名的错觉。面对面交流中，对方不赞成的肢体语言可能会让你停止继续说下去或者停止某一行为。但是，网络给了人们为所欲为的信心。正如苏勒说的："文本交流省去了眼神交流。"
> 3. 在线交流的不同步：人们留完言就会离开页面。不像是正常的对话，你不需要应对对方及时的回复。
> 4. 唯我论的投射：用户无意识地创造网络互动对象的性格。对于这个人物角色的定义，一部分来自人物本身展示出来的信息，一部分是用户的主观呈现。剩下的则纯属虚构——这也是最容易让用户添油加醋的地方。
> 5. 解离性想象：用户与网络互动对象的交流更像是一个想象中的游戏，而非与另一个真实的人在进行交流。
> 6. 权威形象的缺乏：网络让人们更加忽略权威。没有主持或是引导对话方向的人，网络社群很容易变质。

我认为巴尔克斯等人在2014的论文中给出了"网暴"的最佳定义："网暴就是在互联网上展示每日可见的残忍行为。"无论网暴者的动因是什么，互联网和社交媒体都给了他们比日常生活中更加极端表现自己的机会。在我为了撰写这一章搜集材料时，一位年轻有为的自然科学学生斯坦·坎贝尔给我提供了帮助。我问他是否认为我们的社会可以解决网暴的问题？如果可以解决，我们如何才能做到？他说："如果我们真心寻找解决网暴的方法，就应该打破'网言无忌'。在造成这一现象的众多因素中，最大的共通点就是网暴者与他们行为之间产生的断层。如果两个真实的人（网暴者和网暴对象）之间可以有更多的了解，就会在他们之间搭建起一座桥梁，从而化解双方之间防御性的隔阂。这也会让网暴行为难以继续。"

所以，如果我们的网络社区充满人情味，想要恶语相加的人就更可能反思自己的行为带来的伤害。就像伊莎贝拉·索莉，在与网暴受害者面对面交流后感到悔恨一样。因为这种互相了解，对方变得不再是隐形的，也不是一个臆想出来的形象。网络背后真实的人才是解决问题的关键。网暴也不仅仅是一个社交媒体问题，更是一个社会问题。

> **行为总结：阻止网暴行为，营造健康社区的技巧**
>
> 1. 创造具有明确权威形象的网络社区，以此表明对网暴分子的反对态度。保持良好、严格以及切实可见的社区管理。
> 2. 尽快确立社区规定。奖励和鼓励积极的行为。
> 3. 拉黑并不能阻止恶意用户再次回来。他们很可能重新设立一个新账号。虽然我们可以拉黑IP地址，但是这就像是打地鼠一样，防不胜防。如果一个人迫切想要表达自己，他们会想尽一切办法。一个建议是允许喷子发帖，但是把他的帖子设置成只有发帖人可见（对方

并不会知道）。这样，他们既表达了自己，也不会对你的社区产生负面影响。

4. 行使自己的管理权。你可以删除侮辱性语言的帖子。但是，不要混淆自由言论与侮辱性语言。明确和坚守你的底线。

5. 让真人进行明确和透明的社区管理，并且明确规章制度。就像利特尔顿所说："你当然可以在夜店门口安装一个自动门，让人们自由出入。但是，如果是一个真人站在门口，就会给人们留下第一印象，以及展示一个态度。"

6. 仔细区分一个人是真地遇到了问题还是来挑衅的。理清任何潜在的引发恶意行为的问题。不要混淆网络喷子和因为你的品牌而有了不良体验的顾客。

7. 直接向扰乱社区秩序的人表明态度。告诉他们如果继续这样的行为，就要被清退。他们可能会收敛自己的行为。

8. 明确意图。社区可以成为人们表达自我的地方。如果每一个人都说这是一个很棒的社区，就会吸引更多的人们成为其中一员。

第七章
消费者意识觉醒
品牌透明化的复杂性与压力

在美国佐治亚州亚特兰大公民权利和人权中心，人们可以了解到1964年可口可乐公司如何向亚特兰大公众施压，要求他们向其居民，也是公民权利领导人的马丁·路德·金致以敬意。

金在那一年获得了诺贝尔和平奖。亚特兰大城借此机会举办晚宴，并邀请社会各界名流共同庆祝。但是，金在当时仍然是一个备受争议的人物，种族主义也依旧盛行。因此，没有一位城市精英愿意出席晚宴。

组委会联系了可口可乐公司，向其寻求帮助。总部位于亚特兰大的可口可乐当时的总裁是保罗·奥斯丁。奥斯丁出生于佐治亚州，曾在种族隔离时期的南非生活过，亲身经历了种族隔离制度给南非经济带来的负面影响。他同意插手此事，在公民权利与人权中心展出的一封信上记录了奥斯丁的回复："可口可乐公司感到很遗憾，因为其总部所在的城市拒绝向诺贝尔获奖者表达尊重。我们是一家国际化的企业。可口可乐公司并不需要亚特兰大，我们也可以去别的地方。你们来决定亚特兰大需不需要可口可乐吧。"

此信一出，晚宴的门票立马售罄。

那真是意义非凡的一刻。可口可乐不仅是亚特兰大的支柱企业，提供了许多工作岗位，也是具有政治色彩的美国软饮行业中的一员，饮料机曾专门设有有色人种机器。马丁·路德·金本人也曾经参与了著名的里奇百货公司玉兰茶室静坐抗议，并因此被捕入狱。（金后来呼吁抵制该公司，因为其在雇佣员工中存在种族歧视。后来该公司改变了政策，抵制得以结束。）可口可乐公司的介入意味着其支持亚特兰大城公民权利抗争，亚特兰大城的公民权利博物馆也修建在了可口可乐公司捐赠的土地之上。

可口可乐此举真的只是在道德上伸以援手吗？还是它看到了世界的改变与历史的走向，以及这么做带来的潜在收益？没有人知道。不过无论如何，这个行为都是正确的。这表明，品牌参与政治由来已久。同时，可口可乐公司也为我们提供了一个经典的案例，即品牌如何为社会作出巨大的积极贡献。这需要良好的商业意识。正如可口可乐公司，它这次就站在了正确的历史方向上。

快进到2018年。耐克以美国橄榄球球员科林·卡佩尼克为主人公的广告也是一个经典案例。卡佩尼克曾在一场比赛前的唱国歌环节单膝下跪，表示对多起警察枪击毫无武装的非裔美国人的抗议，引起了轩然大波。单膝下跪运动蔓延开来，既有人支持，也有人反对。卡佩尼克也因为这一事件在2017年结束了与旧金山49人的合同后，没有被任何一家俱乐部签约。据报道，耐克内部在经历了一场激烈的讨论后，决定继续赞助卡佩尼克，尽管他已经不属于任何一支球队。2018年，卡佩尼克拍摄了一个标语为"坚守信念，即便为此一无所有"的广告。对耐克品牌来说，这是一个充满勇气的决定，它也因此遭到了强烈反对，其生产的运动鞋在全美范围内被当街焚烧，还有不断的抗议抵制活动，耐克的股价在最开始也受到了冲击。但是，几周后，反对抗议的声音涌现了出来，越来越多的人开始支持耐克的行为。耐克的股价大幅反弹，在线销售额上涨36%。这似乎表明，耐克的顾客对于其选择支持卡佩尼克并且坚守立场的行为表示拥护。

"这对耐克品牌来说是完美的决策，"罗希特·巴尔加瓦说。这位市场趋势预言家和《非显著现象》作者在他的2018年版本的预测中，明确指出了一个关键的趋势就是"品牌立场"。品牌立场指的是，品牌在顾客所关心的事物上要有明确的立场。"为卡佩尼克拍摄广告绝非偶然，耐克可是市场营销大师，他们很清楚接下来会发生什么。精明的品牌会在一场营销活动开始前就想好最坏的情况会是什么样的。让五个出色的营销人员一起讨论有关该广告可能引发的后果，他们就能猜到人们焚烧运动鞋。"

巴尔加瓦是对的。人们焚烧运动鞋来表达政治态度也并非第一次。2016年美国大选结束几周后，纽百伦公共事务副总裁马修·勒布雷顿向《华尔街日报》记者表示支持特朗普总统反对跨太平洋伙伴关系协定。这一言论引发了一场公关危机。《华尔街日报》转发了勒布雷顿的推特，他在推特上讲："奥巴马政府对我们充耳不闻，看来选举特朗普当总统会带领我们向正确的方向前进。"特朗普的反对者因此抵制纽百伦的产品，有一些人还在社交媒体上传自己焚烧并丢弃纽百伦运动鞋的视频。

据《纽约时报》报道，纽百伦在公开澄清声明中指出其"在选举日前就已公开表示过，支持希拉里·克林顿、伯尼·桑德斯以及唐纳德·特朗普就创造更多美国制造业就业机会的决心。"这一声明马上引发了另一个问题。一个种族歧视、反犹太和反同性恋的网站公开支持了纽拜伦的政治立场，但是更进一步，称纽拜伦的鞋是"白人专属的鞋"。纽百伦迅速对此声明："纽百伦不容忍任何形式的偏见和仇恨。我们的一位管理人员最近被要求就一项贸易政策作出评论，并被断章取义。作为一家有着110年历史的公司，纽百伦在美国有5家工厂，在世界各地拥有数千名员工。我们的员工有着不同的性别和取向，来自不同的种族和文化。纽百伦是一个以价值观为导向的组织，我们的文化以人为本、秉承诚信、社区团结以及对世界各地人们的相互尊重。我们一直并将永远致力于美国制造。"纽百伦估计怎么也不会预料到事件居然是这样的走向。无论经过怎样的讨论和预测，他们也很难想象其品牌要为"支持白人至上"做辩解。

正确处理类似事件的关键是理解你的受众群体。品牌发出去的信息必须符合自己的价值观。这也是为什么耐克的卡佩尼克广告尽管遇到波折，但是仍能成功的原因。品牌传递的信息代表了品牌。耐克很清楚自己的观众想要从中得到什么。这也是耐克和纽百伦在这两个案例中的区别。耐克很明白反对卡佩尼克广告的人不会伤害到其品牌价值。巴尔加瓦说："如果你把卡佩尼克从广告中拿出来，也不会找到任何有争议的内容。耐克在这个广告里表达的态度正是消费者想听的。所以，对于耐克而言，这只是另一种提醒人们自己品牌价值的方式而已。"

是营销天才，还是道德模范？谁又能说得清呢？但是，像可口可乐和耐克一样，品牌传递了人们想要听到的声音，这些人还为你的产品买了单。

消费者意识觉醒的时代

2017年1月20日，是唐纳德·特朗普当选美国总统的就职仪式。亿客行在这一天发布了名为《火车》的商业广告。这个广告讲述了一名女性环游世界的故事。一开始，她在世界各地享受美好时光，探索新奇美丽的景色。但随后，她来到充满隔阂、恐惧与恶意的地方。于是，她加入抗议游行的队伍，帮助难民寻找新的家园，体验不同的文化。这则广告的意图很明确：打开心拥抱不同的文化，扩展你的视野，丰富你的思维方式，团结身边的人并摒弃偏见。广告发布的时间绝非偶然。

2018年11月，英国一家专售海产品的食品零售商"冰岛食材"发布了一则广告。该广告因为违反英国广告政治内容的相关规定而被"禁播"。事实上，该广告并未被完全禁播，只是被负责审核相关内容的机构要求禁止在电视上播出。广告由环保组织绿色和平拍摄，以卡通形象讲述了一只名叫让谭的小猩猩失去家园的故事。一天清晨，让谭出现在了一个小女孩的卧室里，把她的卧室弄得乱七八糟。小女孩很生气，问让谭为什么会出现在这里。让谭向竖耳倾听的小女孩解释道，自己已经没有家了，因为人类毁掉了她的栖息地，"人类出现在了我的森林里，我不知道该怎么办。他们把树都烧了，说是要提炼棕榈油。所以，我才来的你家里。"广告的结尾处，小女孩向让谭承诺，要帮助她保护家园。

绿色和平为冰岛食材拍摄的广告并非涉及政党政治，也并没有呼吁具体的行动，只是展现了一只因人类破坏自然环境而失去家园的小猩猩的故事。这则广告表达了该零售商所有自有品牌的产品不再添加棕榈油的承诺。品牌信息非常明确。而广告被相关机构禁播的原因是，拍摄方绿色和平是一个政治性的游说组织。最终，绿色和平将该广告在其网站上播放了数月。

冰岛食材声称品牌的初心是希望广告在电视上播出的，自己也花费了50万英镑的广告费。但是，我很难相信他们没有预料到广告可能会被禁播的风险。因为绿色和平在此之前就已经拍摄了一部关于反对食用棕榈油的影片，该影片也被禁播了。所以，我认为，绿色和平即便是以冰岛食材的名义拍摄这则广告，也难逃被禁播的命运。

但是，无论冰岛食材有没有考虑到这层关系，对他们的品牌来说都是绝佳的公共曝光。这场风波引发了人们对冰岛食材的广泛关注，比原本的电视广告产生的影响力还大。该广告在社交媒体上病毒式传播后的几周，英国各大新闻媒体都在报道这则广告的故事。据英国广告市场行业新闻媒体Drum的报道，该广告在社交媒体上产生了超过三千万次的转发，支持该广告在全国电视上播放的提案获得75万人次的签名，明星们也纷纷呼吁该广告被允许在广播平台上播出。冰岛食材成为了绿色和平反对企业使用棕榈油运动的先锋。

错误的方式

2017年，《金融时报》援引爱德曼公关公司的"实至名归品牌"调查，报道全球有57%的消费者会因为品牌在社会问题上采取立场而购买或是抵制该品牌的产品。总会有那么一些品牌会在与他们息息相关的话题上表达看法。冰激凌公司本与杰瑞就是一个很好的例子。该品牌长久以来支持环保和社会公益的形象深入人心。但是，总体来说，有关品牌表达立场的做法是近期出现的趋势。不过这一趋势正在吸引更多的关注。

我向罗希特·巴尔加瓦询问，品牌应不应该在社会问题上采取立场。他的回答是："这个问题就好比在问一个人应不应该有自己的观点。每个人都应该有自己的观点，问题的关键是，对于品牌来说这个观点与品牌有没有关系？品牌当然可以有自己的观点，但是如果这个观点和你所做的事情毫无关系，就会带来不协调，扰乱品牌基调。"

正如巴尔加瓦说的那样，在耐克的卡佩尼克案例中，没有出现任何和品牌无关的内容。尽管其最终目的是提高产品的销量，但却依旧传递了和品牌相关的且非常真实的内容。这个做法也和消费者产生了共鸣。

然而，并不是所有品牌都能作出正确的决策。百事可乐拍摄的一则广告就遇到了公众非常不同的反应。广告情境中，该广告主角肯达尔·詹纳在一个摄影现场突然离开，加入公民权利抗议者的队伍。她走向警察，并递给他一瓶百事可乐，化解了警察和抗议者之间的冲突，警察随后还和人群一起微笑。这群人都是俊男美女，表现出一副乐天派的样子。在"黑人的命也是命"运动以及全民声讨警察暴力执法的大背景下，这则广告被谴责为"充耳不闻"，以及轻视重要问题。最糟糕的是，马丁·路德·金的女儿波尼斯·金在社交媒体上发布了一张父亲在公民权利抗议游行中与警察对峙的照片，并写道："爸爸要是早知道百事可乐能解决问题就好了。"

成为仇恨言论赞助者的危害

杰克·达宾斯是媒体的奖赏社交媒体管理公司的总裁，也是广告公德网络的创始人（Conscious Advertising Network）。他表示，品牌在大型平台网站（比如谷歌、脸书、油管）上打广告时，担心自己的广告出现在或是间接赞助包含仇恨言论、偏见歧视或侮辱内容的网站。这些平台需要在利用广告技术进步获取巨大收益时肩负更多的责任，想办法杜绝这些内容的出现。达宾斯在2018年创立了广告公德网络，哈丽特·金格比担任传播策略师，敦促各大平台网站加强内容管理。

对于品牌来说，避免成为仇恨言论的赞助者非常重要。因此，广告公德网络也受到了一些大型国际企业的支持。我问杰克为什么要在运营一家媒体管理公司之外成立广告公德网络这个组织。他说："我有两个孩子，一个6岁，一个3岁。国际植物公约保护组织有关气候变化的报道指出，要想将全球变暖控制在1.5度以内，就必须在2030年前改变人们对气候变化的看法。到那时，我的孩子一个18岁，一个15岁。当他们问我为实现目标做出什么努力时，我得能够回答他们。"

这是一个强大的动力。达宾斯相信仇恨言论的根源和气候变化有关。他说："有一些群体大力否认气候变化。他们都与分裂主义和相互仇恨有关。移民是最具分裂性的问题，而它也与气候变化有关。如果人们对全球变暖袖手旁观，移民数量会大幅增加，引发更多的分裂和仇恨。我们西方的一些主流媒体传播分裂主义，支持憎恨和恐惧移民的价值观。人们越愤怒和分裂，就会更加的分化以及崇尚民族主义。接着，人们就会开始否认真正的问题所在。"

第四章讲过，媒体的商业模式有时会依靠引发公愤来博得眼球，这也是广告公德网络成立以来致力于解决的问题。达宾斯说："如果人们不再赞助那些诱导性链接以及故意引发公愤的内容，网络环境就会变得友善一些。在社会性话题领域，我们需要更友善的媒体以及社交媒体环境。"

达宾斯称自己是一个"无可救药的乐观主义者"，坚决地相信人们会直面挑战。"我们的集体意识正在觉醒。多年以后，我希望当人们回顾过去的时候，会说：'我们曾经共同面对了这一巨大的挑战。'我们必须这样，不能对问题置之不理。"

什么阻止了人们采取行动呢？"每个人都有自己眼前的、微小的，但却更加急迫的事情要处理和思考。比如，我的孩子们今天在学校过得开不开心？我能否完成今天的任务？除非一件事迎面而来，人们一般为此不会采取行动。但是，越来越多的时间对人们产生直接的影响。"达宾斯指出异常天气日见频繁、塑料制品对海洋影响，以及毁坏房屋、伤及性命的森林野火的增多，我们都会有被这些事件影响的一天。

广告公德网络相信，品牌在集体意识觉醒的背景下也有自己的角色，达宾斯说："品牌并非存在于真空中,不能不受到人类行为的影响。同时,品牌也对人类行为、我们居住的自然环境和社会有影响力。所以,品牌要担起责任,不能袖手旁观。"我问到品牌应该如何与具有明确意识的顾客建立联系。达宾斯回答道:"唯有同样具有明确意识的品牌才能继续生存。怀有明确的道德目标,并且将之作为行为准则的品牌才能繁荣发展。"

达宾斯同时也谈论到"超级透明化"的趋势。"品牌不能通过洗白来掩盖他们的真实意图。消费者很快就会发现你是否正在履行你的承诺。当然了,没有人永远不会犯错,这没有关系,重要的是要诚实地与消费者沟通,告诉他们你现在正处在什么样的阶段。不要把自己树立为美德的典范,但要清楚自己的目标,诚实地说出你的抱负。"

品牌行动主义真的有作用吗?我向达宾斯提问。他答道:"当然。我和美体小铺(The Body Shop,美国高质量面部肌肤及身体护理产品零售商)这个品牌合作多年,其创始人安妮塔·罗迪克就曾是一个活动家,她也是一位成功的企业家。当她把美体小铺卖给欧莱雅时,安妮塔也将自己坚持的精神传递到了收购方品牌中。"现在,美体小卖部已经被欧莱雅卖给了巴西美妆巨头Natura。据《道德企业》杂志报道,该集团是第一家获得B Corp认证的上市公司(认证要求企业"考虑他们的决定对员工、客户、供应商、社区和环境的影响")。

达宾斯在看到他的一位邻居因为是土耳其人而在酒馆被打之后下定决心创立了广告公德网络。他认为自己有义务在消除仇恨和民族主义的行动中尽己所能。他加入了"停止赞助仇恨"运动组织。该组织向一些品牌施压,因为这些品牌在宣扬分裂主义、扩散恐惧情绪的媒体上打广告。《英国每日邮报》是该组织最大的打击目标之一。达宾斯在这里认识了金格比，两人共同创建了广告公德网络。

"行业道德准则应该跟上现代广告科技的进步。是广告商赞助了网络的运行。如果我们想要解决网络上的大问题，比如虚假新闻、仇恨网站等，首先需要解决做广告的方式。因为，网络平台只有在广告商向他们施压之后才会承担自己应有的责任。"

广告商又是怎么想的呢？他们愿意这么做吗？达宾斯说他们愿意，并解释道："当你向他人询问一个简单的问题，问他们愿不愿意把钱花在资助仇恨言论的网站广告上时，他们一定说当然不会。这不仅仅是一个道德的选择，也是一个关乎品牌声誉的问题。如果你的品牌广告出现在了与种族主义和暴力相关的信息旁边，就会和他们产生联系。所以，我们给品牌提供了一个方法，让他们团结起来，一同向网络平台施加压力，肃清环境，解决问题。"我问他实现这样的愿景是否现实。达宾斯非常明确地回答道："假如广告商集体退出推特，你认为推特会用多久想出一个解决方案呢？"

我认为达宾斯的方案是行得通的。毕竟，品牌以消费者的利益为利益。如果消费者变得更加在意自己的钱到底花在了什么地方，对品牌来讲，这就不仅是道德问题，也关乎财路。

行为总结：表明立场

1. 如果你要表明一个立场，就要对品牌和品牌价值产生意义。确保你所做的是你的消费者真正关心的事情。当然，你必须知道他们关心的什么。

2. 避免罗希特·巴尔加瓦提到的"品牌失调"。你的立场与品牌的日常行为是否相符？你有没有对重要的问题给予足够严肃的态度？

3. 发布广告的时候要考虑周全。知晓你的广告会在哪里出现，确保这些地方也能够反映出品牌的价值观。

4. 如果你表达了个人立场后引发了公众对你的品牌的争议，及时让团队来支援你。如果你的观点与品牌价值有契合之处，团队成员应该也会支持你的观点。不要让他们措手不及。

5. 永远不要试图"洗白"。如果你表达了对某一立场的支持，就要坚持这一立场。如果出尔反尔，消费者很快就会发现端倪。回顾第一章吉尔·格林提到的内容：关心相关问题的人会不遗余力地追究每一个细节，消费者会发现你说的到底是不是真的。

第二部分
PART TWO

消费者行为的改变在危机管理与应对中的角色

第八章
新挑战

理解消费者行为的改变给危机管理策略带来的影响

> "良好的危机沟通和危机管理的基本原则在过去25年里并未发生改变。然而,使用这些原则的市场环境却已巨变。"
>
> ——乔纳森·赫姆斯,Insignia危机管理执行董事

社交媒体彻底改变了品牌与消费者沟通的方式。正如我们所见,受社交媒体的影响,人们对于品牌危机的反应也大有不同:人们更容易表达愤怒,品牌信任度降到最低点,人们对于透明度有着很高的期待,消费者意识觉醒促使品牌提高自己的道德标准,人们对于信息快速更新的需求等。同时,在这种背景下,品牌必须处理比以往任何时候都多的信息。

Insignia危机管理执行董事乔纳森·赫姆斯对我说:"我们的世界比任何时候都要透明,不好的事件不会受到地理隔阂的因素而停止传播,企业的各方利益相关者需求更多、更难管理;建立信任变成了品牌的首要任务,稍有差池,也会比任何时候更轻易、更快速地失去信任。社交媒体让公关团队不得不将他们一贯的方法和原则在更短的时间、更大的风险下运用在迎头而来的危机上。"

影响一：信息过载

"所有的公司都在想方设法弄明白消费者与他们沟通的方式……他们试图追随消费者的角度，听清他们到底想要什么。但是，消费者们却完全不觉得自己的声音被听到了。"这是我和戴尔·罗伯茨的谈话中他讲到的。他是一位客户体验专家和作家，曾任Clarabridge的客户体验主管。2017年，Clarabridge的一份有关飞机乘客的调研显示，73%的英国乘客以及69%的美国乘客从未投诉过航空公司。为什么呢？因为人们并不认为投诉会起到任何作用。在两个国家，三分之二的人表示，即便是投诉了，也得不到任何回复。

我问罗伯茨为什么人们在有了更多的渠道与品牌沟通后，反而不在乎去投诉了呢？罗伯茨表示，这正是问题所在。

他说："人们每天能收到的信息数量实在是太大了，这表示我们不可能认真听取所有人的信息，而最简单的过滤信息的方法就是完全忽略它。"想到我的电子邮件收件箱有1500封未读邮件时，我完全可以感同身受。忽略信息似乎是个不错的选择。罗伯茨告诉我很多人都有这样的感受。"我们都被信息淹没了，毫无边界可言。在过去，如果我的飞机延误了，当我打电话给航空公司时，我知道接电话的会是一个真人。现在，我知道我会被转接到信息中心去排队。我只是万分之一，我的电话大概率不会马上得到应答。即便是电话被马上应答，接电话的人也没有权限帮我解决问题，所以我依然需要排队等待。所以，打电话有什么用呢？"我问道："这不就是推特这样的社交平台存在的意义吗？让人们看到你的不满？"罗伯特答道："曾经是这样。但是，现在即便是推特也面临着信息过载的问题。仅仅因为投诉被发表在推特这样的公开平台，不代表相关组织机构就会认真对待。因为，他们已经有太多的事情需要去关心。他们会对自认为最重要的内容发布和问询进行分类处理。不可避免地，这意味着遗漏或忽略了许多真正的问题。"

我隐隐觉得惭愧。因为这正是我建议品牌在危机中要做的事情。我告诉他们要优先解决需求最紧迫的问题，然后是最可能产生影响的问题。好在，我没有让他们对用户发布的真实感受置之不理。在社交媒体的早期阶段，我会因为品牌CEO家的孩子发现了一条有关品牌的负面内容严阵以待。因为，一条内容就足以让品牌陷入危机。但是现在，品牌无时不刻都需要面对很多相关的内容发布，以至于他们或许只会去在乎那些极端的内容。比如，十分积极或十分负面的评价、很愤怒或是观点很有影响力的内容，以及电脑算法得出的重要发布（例如，一个影响公众健康的问题的早期传闻）。

有关"很愤怒的内容"更有可能会引起品牌注意的观点十分有趣。这解释了为什么人们会在网上强烈地发声，以及变得如此愤怒，因为这会促使自己的观点、意见不被品牌过滤掉。这改变了我们投诉品牌的方式。有礼貌不能产生任何帮助。但是如果你不是一个愿意为此表现出如此愤怒的人，你可能就会选择放弃。我们都有过给诸如电力公司、手机服务供应商的企业打电话寻求帮助、或是投诉却深感失望的经历。如果你知道即便打电话也很难接通人工服务，同时，问题又不是很严重，你又何必那么在意呢？毕竟，人们的时间都有限。

信息过载对人们的精神健康也有副作用。罗伯茨说："前几天，我一天开了九个或是十个会议。有些是与客户一起，有些是内部会议。我的大部分工作是去做决定。但是，到了晚上的时候，我整个人已经筋疲力尽，更不用说做决定了。我在同一天接受了太多的信息。"我们谈论到，过去的人们开会结束后会有休息的时间来消化信息，这样人们就不会感到罗伯特所描述的认知极限。但是，随着在线会议以及远程办公的普及，经历认知极限成为家常便饭。同样的道理也适用于品牌，他们无时无刻都在面临各种各样的信息。尤其是在遇到危机，新的事实信息不断涌进，每个决定都至关重要时。罗伯茨说："我们不知道信息过载会给人们带来怎样的长期影响，不过可以确定的是，信息太密集了，以至于人们无法休息。人们虽然更加重视精神健康，但是却让自己不断接收更多的信息量，破坏精神健康。人们变得越来越焦虑。"

人们变得越来越没有边界是真的。我们时时刻刻都处在"开启模式"，其他人永远都能"找到我们"，毫无边界可言。以前，人们谈论"工作与生活的平衡"；现在，这个话题变成了"工作与生活的融合"。即便是在家中，人们也经常查看手机信息。我们为获得工作的灵活性也牺牲了很多东西。

罗伯茨说："我们没有可以处理持续信息流的情绪工具。周末加班在过去通常意味着我们会来到办公室里工作。工作会有午休，到店会下班。一但我们离开了办公室，就不再探讨有关工作的内容。但是现在人们几乎从没有从办公状态中切换到非办公状态的余地。我们时刻都在查看电子邮件、接听顾客投诉。事情一出现，我们就不得不去处理。科技改变了我们的行为，我们的行为也因科技改变。但是我们显然还没有发明可以应对这一切的工具。"

影响二：价值观改变

乔纳森·赫姆斯谈到，近些年由于人们价值观的转变使信任变得脆弱的现象。他说："50年前，人们尊重权威：皇室成员、教堂、政治家、记者以及商业领袖。相信权威形象的一言一行似乎是自然而然的事，人们也不会质疑这些权威值不值得他们尊重。但是今天已经不一样了，造成这一结果的一部分原因是社交媒体。社交媒体给予人们了解真相、挑战权威的工具，为人们拉开了他们与权威人士、组织机构之间的幕布。随着时间推移，我们也确实发现并不是所有权威人都值得相信和尊重。于是，信任被破坏。渐渐的，人们不再相信表面的东西。"

当我们不再信任权威，就会感到更有力量。赫姆斯说："人们更有勇气去批评和挑战权威。通过使用社交媒体这一工具来表达感受，使他们得以传递自己的声音给更多人。理论上讲，他们是可以通过社交媒体给组织机构施加压力的。"但是，赫姆斯同时也同意罗伯茨的观点，即社交媒体上过量的信息发布使企业感到压力的时间变得更长。他说："所以人们就会产生更多的负面评价，导致让某件事真正成为品牌危机的门槛变得更高。"

门槛变得更高意味着影响力也会越大。罗伯茨说到："如果没有社交媒体，'我也是'运动不可能发生。我们关于性别和权力的价值观发生了令人难以置信的迅速变化，因为我们很清楚'我也是'运动是在讲什么。我们学习和适应得很快，这是代际价值观的转变。"

影响三：做正确的事并让外界了解

鉴于社交媒体有能力曝光任何人们信任的组织机构，也可以迅速改变人们的价值观，品牌必须把自己是如何经营的过程向公众开放，尤其是在遇到危机的时候。品牌必须适应这些变化。

戴尔·罗伯茨认为组织在必要时刻必须把消费者的利益放在第一位，而非股东的利益，"做正确的事情是不会有损失的。社交媒体可以把你的透明化扩大，产生非常积极的改变。各大组织机构必须在出现错误后保持更开放的态度。"他讲到TalkTlak前首席执行官迪多·哈丁在处理信息泄漏问题上导致公司被英国数据隐私监督部门信息委员办公室处以两项破记录的罚款。TalkTalk告诉用户，他们取消服务的条件是证明自己因为信息被盗产生了钱财损失。这样一来，担心TalkTalk安全隐患，想要退出服务的用户，就要交罚款。罗伯茨说："TalkTalk把证明信息被盗的负担放在了消费者身上，这表明它完全无意改正错误。"

罗伯茨解释道："公司这样做的部分原因是其建立在只对自己负责的基础上。一家企业要对他自己和股东负责，而非消费者。我认为这样的观点非常不利于有效危机管理和沟通。如果公司在危机中将保护自己和股东的利益凌驾于消费者之上，就会形成利益冲突。在出现失误时，一家公司最先的反应可能是想掩盖错误。公开透明、保持诚实可能并不符合公司的最大利益，也无法在短期内给股东们带来价值。但是，媒体对于企业丑闻的调查充满热情，再加上公众对于大型机构的信任度降低，随时会在社交媒体上表达不满。这意味着，企业的掩盖行为会被发现。一旦被公众发现，就会引起背离和公愤，这也是我们在之前几个章节讲到的内容。

罗伯茨表示，消费者希望企业变得更有人情味。"承认自己的错误、道歉，然后想办法改正错误，而不是只看公司和股东的短期利益。关注短期利益的行为在过去行得通，毕竟各大公司都是这么走过来的。但是，社交媒体却可以曝光所有这样的行为，给企业带来巨大的伤害。所以，企业必须改变。"

影响四：品牌处理危机的速度改变了

在第五章我们探讨了消费者要求及时得到回复、快速得到更多消息的心理。事实上，这样做会造成焦虑。我们知道脸书给出"及时回复"认证的标准是15分钟之内，但是除非你已经完全准备好了，15分钟对于收集所有真实信息来说实在是太短了。然而，对于消费者来说，他们会在这期间不停地问你问题，批评你，传播谣言，甚至恶意攻击你的品牌。

抑制住过快回复的冲动是困难的。当我们进行危机模拟时，经常会给出一些无法快速得到确认的情况。我们想看看公关团队在这种情况下如何反应。我们发现，当他们面临的压力越大，就更可能做出错误的假设。比如说，我们假设某公司的一位资深经理被前员工公开指责不道德，甚至上升至犯罪行为。通常，危机团队在公众舆论压力下会给出这样的回应：公司对这样的行为零容忍，然后公开道歉，开展调查甚至是让这位经理停职。品牌为了占取先机，在事件演变前就快速采取了行动。后来，该公司的人力资源负责人证实，这名前员工有多次提出此类指控的历史。调查也没有找到这位经理任何不道德行为的证据。于是，危机团队又必须快速改口，并且还要应对当前企业员工的不满。他们对公司如此快速地和这位经理撇清关系的态度感到失望。

速度在一场危机中固然重要。但是，一定不要因此而牺牲事实真相。

影响五：澄清与核实真相的迫切需要

2018年下半年的一场传播总监大会上，我听到了记者兼作家凯特·艾迪的演讲。艾迪报道的大事件贯穿于我的一生，她还打破了女性从事战地记者的壁垒,她曾在伊拉克、波黑、英国的北爱尔兰地区、卢旺达和塞拉利昂的战场上进行报道。1980年伊朗驻伦敦大使馆被围困事件、杜布兰惨案、美国轰炸的黎波里事件,以及泽布吕格自由企业先驱灾难等20世纪下半叶的许多重大历史事件的报道中都有她的身影。即便已经70多岁了,她仍然充满能量与热情地为英国广播电视台报道。

她讲到了新闻发生的环境变化,依靠第三方获取信息的危险,尤其是在社交媒体盛行、"虚假新闻"无处不在的环境下。所以,她强调传播业从业者(包括她自己)更要关注事实真相来建立信任。她说:"清晰的、有事实依据的和值得信赖的信息是新闻的基石。"

这对于企业传播从业人员意味着什么呢?艾迪呼吁:"不要使用柔和的语言……观众们更喜欢坦率。"信息来源坦率和诚实才能值得记者的信任。

艾迪表示,她遵守新闻业的四个原则:了解事态,发现事实,核实事实,报道事实。这四个原则让我很惊讶,因为它们不仅是新闻业的核心,也是危机管理需要遵循的原则。同时,它们也是应对危机的良好架构。

- **原则一:了解事态**

  遇到危机时,不要依赖于第三方或是传言。你需要自己发掘事实真相,获得一手信息。来到事件发源地,向受到影响的人们了解情况。

- **原则二:发现事实**

  危机将会引发很多过激行为、夸张的情绪和传言。你需要从中剥离开来,看到事实本质。

- **原则三：核实事实**

  在一场危机中，看起来是事实的往往是错误的。如果你告诉公众的信息结果是错误的，就会失去公众对你的信心和信任。艾迪在她的演讲中说，人们记住的永远是你告诉他们的第一件事情。所以，第一次公布的消息必须是准确的。

- **原则四：报道事实**

  这一点对于新闻从业者和传播业从业者都很重要。没有人会相信混淆视听的人（在第12章会着重探讨讲述事实的重要性）。没有比在危机中通过传递事实建立信任感更重要的事。

行为总结

1. 应对信息过载。虽然对于品牌来说，巨大的信息量几乎不可能处理完，但是，不处理顾客的诉求会导致他们采取更加极端的行动来引起你的注意。使用有效的舆情监听工具，将需要回复的信息分类处理。最终，要保证每一个需要被听到的声音得到妥善回应。

2. 要留意公众价值观的变化。密切关注并定期分析你的消费者的价值取向。受到社交媒体的影响，消费者的价值观变化的很快。品牌一定要跟上节奏。

3. 做正确的事情，并且让人们知道你在做正确的事情。不要试图掩盖失误，因为很快就会被人发现。这样做还会引起人们不再信任你的品牌。

4. 快速采取措施应对危机，但不要为了速度而牺牲事实真相。

5. 理清并核实危机事实。艾迪上述的四项原则很好地指导了危机公关：了解事态，发现事实，核实事实并报道事实。

第九章
在一场危机中,什么是可以接受的?
如何区分照常经营和危机管理

2015年1月,纽约市被预报即将遭遇一场"史无前例"的"暴风雪"袭击。百森豪市长和安德鲁·科莫州长采取了非同寻常的措施:关闭地铁,并且禁止人们晚上11点后出门。百森豪市长在一场新闻发布会上说:"这可能是一场我们从未见过的暴风雪,不要低估它,做好万全准备。"

然而,纽约并没有受到暴风雪的全面影响。许多人指责科莫和百森豪反应过度,但是不提前准备应对措施可能结果会更糟。2013年,多伦多被一场冰雹袭击,30毫米的冬雨肆虐城市,摧毁树木和电缆,整座城市大部分地区失去了电力供应,处于可能危及生命的冰冻状态。多伦多因没有及时宣布紧急状态以及没有让公民做好准备而受到广泛批评。

何时启动危机应对计划是个棘手的问题。在不做事后诸葛亮的情况下,你必须根据当时知道的事实做出判断——安全总比后悔好。

什么是危机?

让我们后退一下。在应对危机之前,我们需要知道自己是否处在危机中。为此,我们需要了解的是,对于组织来说,危机是什么样子的。公共关系研究院将危机定义为：组织机构面临的需要妥善处理的重大威胁。若处理不当，这个威胁会带来负面的后果。在危机管理中，威胁指的是对组织、其利益相关者以及行业可能带来的潜在损害。危机引发的三类威胁分别是：（1）公共安全；（2）财务损失；（3）名誉损失。

所以，当我在谈论危机时，我指的是对品牌可能产生巨大负面影响的事情。小到影响销售额、公司估值或股价，甚至危机公司运营能力，大到威胁生命健康，甚至造成死亡。如果处理不当，这些事件都可能危及品牌声誉。

我所指的危机不是公司经营上遇到的日常问题，即便它可能会是严重的（这一点会在之后再讲）。危机也不是人们通常指的"社交媒体危机"，比如一条反对内容，或是几条负面评论——当然，这些可能在短期内也很棘手，但是还不足以给公司造成真正的威胁。不同组织机构会对危机有不同的定义。定义危机是很好的危机沟通规划的着手点。那么，你的品牌又是怎样定义危机的呢？

危机管理专家乔纳森·赫姆斯表示，一种定义品牌遇到危机的标准是该危机是否对公司的核心业务造成影响。他在我们讨论"一家快餐店的鸡肉售罄"算不算危机的时候提到这一观点。这是2018年英国的肯德基真实发生过的事情。当然了，这件事的发生可能的结果是几个顾客转而去到别家餐厅，但是没有人因此受到伤害。然而，赫姆斯说："如果你的核心业务是贩卖鸡肉，但是你却无法持续供货，那就会给品牌造成危机。幸运的事，肯德基快速的解决了该问题。在诚恳地向公众道歉后，经营也得以恢复正常。

重要的是品牌要知道自己可能面临的危机是什么样子的，并且要在为应对危机做准备时就有一个明确的定义。

什么是问题，而不是危机？

不是所有的困难都是危机。把赫姆斯的观点倒过来说，判断一个组织是否处在危机中，可以看该事件对公司的核心业务或是名誉有无产生重大负面影响。这意味着，每日经营中需要管理的事件可能会构成一个问题，但不一定是危机。这不是在咬文嚼字，而是你需要理解的区别。

我经常听到管理者说他们的企业一直处在危机中，总是救完一场火就要去救另一场火。从小心应对市场对于婴儿奶粉产品的接纳程度到平息消费者维权，品牌遇到的危机似乎层出不穷。婴儿奶粉相关的抗议是有历史传统的，早在1974年就有发生。所以，应对这类事件已经成为了公司的日常。抗议的声势随时可能会变大，所以需要品牌的密切管理。然而，这种事情大多数时间不会对日常的经营产生实际的影响。那些抵制雀巢的人们大都年纪不大，他们可能已经忘记了最原始的问题是什么，也不是品牌的主要消费者。所以，尽管抗议会局限品牌的受众，但是不一定会影响销量。不过，这种问题也需要管理，不然会对名誉产生负面影响。

然后还有一些所有公司都会面临的小问题：社交媒体上闪现的传言、抱怨以及发牢骚。这些内容犹如昙花一现，很快就会消失。这也是很多公司所谓的"社交媒体危机"。

丽莎·巴奈特是社交媒体机构社交元素危机服务部门的负责人。她告诉我："社交媒体危机不是单一的。一场危机可能在社交媒体上发生和传播，但它很少只局限在社交媒体中。"诚然，社交媒体的特性可能给危机中的品牌带来极大的负面影响。但是，巴特奈说："一个毫不相关的人从一个没有关系的社交账户里发出来的反对内容不太可能造成公司的倒闭。"

如何知道你是否处在危机中？

有些危机很明显（比如一场事故、死亡、大火、丑闻或是公愤），而另一些危机则很难察觉。巴纳特建议公司把危机看作是"不同寻常的事件"。所以，你需要知道"正常情况"是什么样子的。社交媒体是帮助你准确了解"正常情况"的绝佳帮手。品牌的平均活跃值是什么样的？人们通常发表观点的语气是什么样的？经常和你互动的人都是什么样的？每个公司都有不同的答案。伯纳特说："比如你是一个公用事业公司。社交媒体上，每天正常的投诉和负面帖子数量可能是几百个或者是几千个。但是，如果你是一个制造商，当收到大量的负面帖子时，可能就表明一个产品出现了严重的问题，你需要及时调查。"

巴纳特建议，公司在全面进入危机应对模式前先停下来观察一下社交媒体是否出现了异常。她说："平静下来，问一问自己：发生的事情是否有违公司价值观？会不会造成名誉或财务上的损失？如果答案是否定的，你暂时还不用采取应对危机的措施。"

在一份有效的危机应对计划中，需要有明确的标准来定义危机何时开始以及何时启动应对方案。这些标准包括：
- 引起伤亡
- 事件不具有本地性，有可能扩散到其他地方
- 威胁公共健康
- 违背人们的核心价值观（吉尔·格林在第一章讲到的内容）
- 牵动人们感情的事件，比如动物福利、儿童福利。

- 影响或者可能影响公司部分或是整体的运营能力
- 造成财务损失
- 影响公司声誉
- 违背公司价值观
- 曾经的危机再次发生
- 与公众高度关注的社会问题相关（如"我也是"运动）

如何在正常经营与危机管理中找到平衡？

在给企业提供模拟危机培训时，我时常被问到：如何在危机管理与正常经营中找到平衡？除非业务因危机完全无法进行，企业仍需要为客户提供服务与销售产品。

找到这个平衡的关键在于听从顾客的诉求。如果人们仍然想购买你的产品，那么你就需要确保他们可以通过同样的渠道获得产品，并且提供同等水平的客户服务。但是你同时也要维护好受到影响的客户，给他们提供需要的信息。

根据危机状况，适当调整你在所有平台上与顾客沟通的语气。所有的信息都是公开化的，即便是私信也可能被公之于众。尤其是在危机中，曝光信息是非常普遍的。确保你的口吻在所有渠道都是相同的，包括内部的邮件。如果你平时的语气是轻松的、非正式的，那么这在危机中可能就会引发不满。要通过改变语气口吻来表示你的认真态度。暂时停止计划中的新广告和社交媒体发布，推迟产品上市，延缓庆祝活动，取消团建活动。总之，就是要谨慎地评估整个企业所有的业务计划。想一想在危机中，这些计划继续实施会给公众带来什么感受？

在危机中取得成功是什么样子的？

巴纳特介绍，她在给企业提出社交媒体危机沟通的建议时有几个衡量成功标准的途径。她为危机前、中、后三个阶段制定了如下的关键指标：

1. 危机发生前

你的团队是否可以通过共同努力，避免危机的发生？最理想的情况是防患于未然。虽然这不是每次都可以实现的事情，但有些时候恰当地处理可以让情况转危为安（比如客户服务问题）。巴纳特说："通过使用有效的工具和正确的人才，很多问题都可以及时被发现。舆情监听的技术可以帮助你从各个社交平台上了解和收集出现异常的数据。"

2. 危机中

你是否及时掌握了所需的信息，以便和公众清晰且持续地进行沟通？巴纳特说："在危机中，你应该把需要告诉给公众（包括品牌关注者和内部员工）的信息准备好，这样才可以和他们保持良性的互动。她给出了成功做到上述信息准备的指标：

指标一：企业所有员工协同作战，而非公关团队单打独斗。这样的话，你就可以快速通过所有部门收集你所需要的信息。同时，他们也会帮你辨认信息的真伪。

指标二：内部统一沟通方式，要保持明确统一的口吻以及清晰快速的应对措施。

指标三：要理解你所获得的信息和数据背后的含义是什么，这样才能帮助你快速行动。

指标四：明确角色和责任，以便每个人都能各尽其职。巴纳特说："公司不应该在危机来临时手忙脚乱地划分职责。在我们做培训时，如果团队中每个人对自己在危机管理中的角色以及公司对他们的期望有着清晰的认知，那么他们的表现通常会很好。员工们应该在危机前就做足准备。

3. 危机后

企业必须能够在危机结束后迅速恢复正常营业，因为危机可能会使你损失客户。所以，一个衡量危机处理成功的指标是这些客户多久会再次消费。巴纳特说："你需要知道正常的情况下生意运转的状态，并且要划分出明确的时间框架，明细何时应该回归正常营业。社交媒体是一个了解客户意图的有效途径。"她建议品牌持续跟踪以意图为基准的指标，包括：投诉数量（与危机前的对比）和客户意图。（你的顾客是否在对你的竞争者感兴趣，甚至流失到竞争者的品牌？）

何时可以恢复正常经营？

危机或许已经结束，但有难度的后续工作才刚刚开始。对于很多企业来说，危机后的情况和之前不会是完全一样的。不要假设你在危机前的方式在危机后同样适用。你可能已经失去了员工、顾客、股票持有人和关注品牌的人们的信任。你的观众不会像之前那样积极响应你的营销内容。感到社交媒体平台上公众对你的态度变化是正常的（即便你发布的内容与危机无关）。甚至他们的态度变得更恶劣也是有可能的。

危机沟通计划应该包括恢复计划。从告知公众恢复正常营业开始，认识到刚刚经历的危机对人们的影响并且道歉（有关如何有效地道歉会在稍后的章节进行探讨）。随后，告知公众你为了改正错误采取的措施，以及如何做来确保这样的事件不会再次发生。

把重点放在可以重建信任的举措上，而不是假装危机从未发生。重新回顾公关、市场和广告企划，确保各个方案都是根据危机而制定的。准备好在危机结束的很长一段时间里依然收到相关的问询。

> 妮可·吉莱斯皮是昆士兰大学商学院专门研究组织信任的一名副教授。她的研究给出了六种危机后重建信任的方法：
>
> 1. 为了重建信任，你需要理解发生了什么。吉莱斯皮提出"理解"的过程是明白哪里出了错以及如何防止错误再次发生。坦诚地面对问题，解释事件原委而不是找替罪羊，并且解决根源问题。
> 2. 弥补错误。这可能包括真诚地向公众道歉，接受惩罚（比如罚款），提供赔偿金。只有当公司正视自己的错误并采取正确的措施时，愤怒才会平息。
> 3. 让公众知道你在高标准地要求自己，并遵守社会的规章制度。
> 4. 建立有公德心的企业文化，这样员工就不太会出现不端行为（即使发生了，也会被扼杀在萌芽状态）。要让人们牢记企业文化，明确什么是可以接受的，什么是不可以接受的。管理者要以身作则。
> 5. 透明化管理以及认真负责的态度。如果你要向大家展示你没有在隐瞒任何事情，就需要十分诚恳和开放。如果你向大家保证，要在一年内做出改变，那么就需要有规律地向人们汇报你正在为这个改变做出什么努力。最后也要说到做到。
> 6. "转移信任"的方法——与一个受人尊敬、值得信任的人物或机构建立联系，以帮助恢复信任。

行为总结：回归正常经营

1. 为你的企业经营定义危机。明确什么是常态，什么是异于常态的表现？
2. 提前决定好在何时启动危机应对方案。
3. 把恢复方案包括在危机应对方案中。不要简单地认为危机结束后一切可以恢复如初。
4. 通过危机，认真了解你的消费者的诉求。你可以通过客服软件和舆情监听工具获得这样的信息。
5. 全面分析现在以及计划中的活动，确保他们不和危机发生冲突。这包括计划中的企业行动、广告发布和公关活动。
6. 通过提前制定好的成功标准来分析危机应对措施是否有效。
7. 思考如何在危机后重建信心，并将之纳入危机后的恢复计划。
8. 承认错误，道歉，弥补错误。

第十章
社交媒体的九头蛇：

保持透明以及危机中抑制信息传播的原则

媒体自由报道、隐私权以及超级禁令

2011年，英超球员瑞安·吉格斯申请所谓的"超级禁令"，却引发了更严重的公关危机。该禁令旨在保护吉格斯及其绯闻女友，真人秀电视人物和前模特伊莫金·托马斯的隐私。虽然该禁令在最初防止了新闻媒体对吉格斯的报道，但是却无法对社交媒体起作用。推特上有大概7.5万人违反了该禁令，将吉格斯和其女友曝光。英国的一位议员，约翰·海明在讨论隐私法时，也通过议会特权（这种特权保护议员和同僚们在议会发表的声明不受起诉）就吉格斯事件发表观点。他说："有7.5万人都违反了吉格斯的禁令，显然把他们都关起来是不现实的。"

该禁令以及其在社交媒体上的失效成为了大家讨论的热点，吉格斯的名字出现在各大国际媒体上，即便是对他一无所知的人，也知道了他的绯闻事件。他的案例有效地证明了禁令有可能是多么的不起作用，这一结果也绝不是吉格斯想要的。

快进到2018年，议会特权再次被使用。前内阁成员彼得·海因公开反对身陷丑闻风波的飞利浦·格林爵士的禁令。飞利浦·格林爵士被指控性骚扰和逃脱执法（均被格林否认），并申请禁令保护。英国法庭同意了该禁令申请，禁止《每日邮报》继续报道和揭露格林被指控的细节。和7年前吉格斯的案例一样，社交媒体上布满了相关的猜测和传闻，根本无法被禁令组织。有几家被禁止继续报道格林事件的报纸，转而把话题关注在了禁令阻止。而禁令失效的代表人物瑞安·吉格斯则再次登上了媒体头条。我的一位朋友说："人们想到超级禁令，就会想起瑞安·吉格斯。"最终，格林也难逃被指控的命运。

也有一些禁令起到作用的案例。在2016年的一份记录完好的案卷里，一对已经有了几个小孩的名人夫妇就成功地阻止了媒体公开报道一场婚外情丑闻。尽管相关方的名字以及事件细节在社交媒体上已经传遍了，但是法院认为该故事和公共利益无关。媒体对该夫妇姓名的揭露会造成进一步的隐私侵犯，包括这对夫妇及其孩子们。

我在此必须强调，我不是律师，也没有就禁令的法律性质进行探讨。但是，在每一个案例中，人们轻而易举就可以在社交媒体上找到这些受到禁令保护的人们的信息。不管法律如何规定，都无法防止人们传播流言。我们也无法说清，在每个案例中，禁令会不会更加激发公众的好奇心。但是，至少在吉格斯的案例中，人们的关注非常的持久。

这就是社交媒体九头蛇现象：每删掉一个故事，就会出现两个新故事。在希腊神话中，九头蛇是一个有着许多个头的水怪。每砍掉一个头，就会长出两个新的来。

删除已发布内容的棘手问题

应对危机是一件压力很大的事情。如果你已经连续多日应付攻击你的人们，可能早已身心俱疲，这时往往就会掉以轻心。你一旦发布了一些表达自己愤怒的内容，就会让情况恶化。当你再度恢复平静，想着把之前的发布删掉就好了时，事实却不是这样的。你发布的任何内容都不会彻底消失，总会有人保存了截屏。然后，以《某某公司/人/政客不想让你看到的内容》为题的发布就会出现。

在网络上，没有内容会被彻底删除。总会有人在某个地方留存副本。这时，你能做的事就是承认错误，道歉，然后解释为什么要删帖。

2018年6月，水牛城鸡翅这个品牌的官方推特账号被盗，有人以其名义发出种族歧视内容，记者将其截屏后刊登在了新闻上。2017年，麦当劳的推特被盗，偷盗者以其名义发出了如下内容：@realDonaldTrump（特朗普），你是一个令人作呕的总统，我们想让@BarackObama（奥巴马）回来。同时，你的手太小了。"这引发了许多人对麦当劳的抗议，但是该品牌进行了快速回应，在《财富》杂志上发布了声明："推特已证实我们的账号被盗。我们删除了这条内容，加强了账户的安全系统，并且正在调查此事。"

小心你的对手

阿拉巴马联合城是全美最贫穷的地区之一，其一半人口生活在贫困线以下。2016年，这些居民被一家名为绿色集团的企业以诽谤罪告上法庭。该集团将400万吨煤灰倾倒在该小镇1200英亩的箭头垃圾填埋厂中。这些煤灰原本被堆放在田纳西的金斯顿，运来联合城的原因是原来的堆放地发生了塌陷，造成了附近河流和土地的"对居民健康造成重大危害"的污染。

联合城的居民发起了抗议，并组织了一个名叫"健康与正义黑腰带居民"的协会。他们声称煤灰造成了健康问题，哮喘病、皮疹和头痛患者增多。

绿色集团反对"健康与正义黑腰带居民"协会使用网站和社交媒体来描述在填埋场附近生活的样貌，他们也对这一事件手下毫不留情，威胁要将其中四名居民以诽谤罪告上法庭。据《卫报》报道，绿色集团同意撤回起诉的条件是：协会同意该集团登陆其成员的所有电子设备，获取未来发布内容的权限、所有成员的具体信息以及该协会与其他环保组织的通信网来记录。该报纸后续有报道了绿色集团要求这四位居民向其道歉，并撤回向环保机构的投诉。

幸运的是，美国民事自由联盟的联合创始人来自这个小镇。该组织进行了干预，表示绿色集团的行为压制了自由言论。随后该上诉被撤销。

绿色集团如此不留情面的举措可能使事态变得更严重。这不仅会使公司看起来像是一个欺压百姓的恶人（公众对这样的事情深恶痛绝），长期的法律纠纷或许也会产生意想不到的反噬。雀巢公司在2010年就经历了这样的事情。当时，雀巢要求油管平台删除一则绿色和平的视频。视频里，一个白领正在吃雀巢的巧克力棒，但巧克力棒变成了猩猩流血的手指。该视频是绿色和平反对不可持续发展的棕榈油产品的宣传视频，十分具有煽动性。绿色和平根据油管要求移除了视频，却在其他网站和社交媒体上重新发布，并鼓励人们观看和分享。该行为引发了更多的观看，而非更少。雀巢最终也迫于压力，改变了其棕榈油采购政策。

除非你有一个特别好的理由，不然，即便是非常有礼貌地请求内容发布平台删除一些和你相关的内容也不一定起作用。据2013年Buzzfeed的一份报道，碧昂丝的一位代表向发布碧昂丝在当年超级碗表演的"丑照"的平台发邮件，请求其删除这张照片。但是，该平台的回应是将这些照片再次发布，并问读者是否同意这些照片不好看。唐纳德·特朗普在2016年也做了类似的事情。据《每日政治》报道，特朗普向美国全国广播公司抱怨该电台从不愿意发布他"好看"的照片。该公司的回应非常真实，他们找到特朗布最丑的一张照片，并将其发布到网上，还写了这样的标题：我听说特朗普恨死了这张照片。请确保永远不再转发！

意图很关键

你的意图应该帮助你决定是不是要删除某些内容。思考为什么要删除这些内容。是因为信息不准确、不真实、带有侮辱性，还是单纯的失误（所有正当的理由）？或者，该内容给你造成了不便？你有没有保持诚实？例如，援引版权法来删除批评公司人权记录的内容可能是一种合法的解决方案，但它可能会进一步损害你的声誉，使你看起来像一个恶霸，而且好像你在试图掩盖一个令人不快的事实。

> **何时应该删除你的内容发布：**
> - 不实信息。要告诉公众不实之处在哪里，解释你删除内容的原因，然后告之事实。
> - 账户被盗。要告诉公众你的账号被盗，以及被盗后发布的内容如何不符合你的价值观。

- 带有侮辱性质的内容。该内容违背了你的价值观。
- 错误内容。你不想让你的品牌和错误联系在一起。道歉,解释你为什么要删除内容发布。该内容有可能会被别人留存记录并转发。接纳这个可能性,并希望你的道歉也被同时转发。

何时应该请求别人删除有关你的内容发布:

- 当它歪曲事实时。解释为什么需要对方删除内容以及事实是什么。
- 如果事情是真实的,不要要求他人删除;不要仅仅因为不喜欢就向他人提出这样的要求。这可能会使情况更严重。

何时不应该删除内容发布/何时不应该请求别人删除内容发布:

- 尽管事实如此,但你不想让公众知道。
- 你不喜欢别人展示你的方式。

处理虚假内容

2018年12月,社交媒体上流传了一个Bang牌能量饮料爆炸起火的视频。该品牌告诉事实检验网站Snopes:"这是假新闻,制作该视频的用户在饮料瓶中放入了易燃液体。网络上也有多个揭穿该爆炸现象的视频。"

粉丝们纷纷制作尝试点燃饮料但失败的视频,以此来表示对该品牌的支持。这个方法比品牌官方声明更加凑效。

但是,遇到类似的事情时,澄清事实真相同样至关重要。尽管是一些看似毫无伤害,甚至很明显的虚假内容也需要得到澄清。如果你置之不理,它们就会一直保留在搜索引擎上,引发后患。你需要及时公开纠正错误,并留下记录。

处理社群平台和社交媒体中的辱骂内容

在涉及侮辱性内容时，你有权进行任何处理。我虽然从来不提倡删除批评性质的帖子，但是如果该内容涉及仇恨言论，或是具有侮辱性，你完全有权利删除这些你感到无法回复的内容。最好的做法是，在你的页面中明确展示出你对此类行为的零容忍态度，并且告知大家你将对此行为采取的具体措施。同时，要一视同仁地按照规则惩戒这些行为。如果你只删除对品牌表示不满且使用脏字的内容，而保留所有赞扬，那么你的动机就会遭到怀疑。如果你保持透明，有礼貌且坦诚地询问批评者遇到的问题以及尽可能帮助他解决问题，那么你的社群将因此受益。

当你删掉一些帖子时，需要在他们向你询问前就告诉他们原因。第一章，吉尔·格林曾说过让人失去发言的权利是行不通的。如果你向被删帖子的人解释具体是哪里违反了规定，就给了他再次发布的机会，他也就不会再使用同样的侮辱性语言。

有的时候，通过回复反对者的内容发布可以重申你的价值观，这比直接删除帖子更有帮助。2018年，英国全国银行举办名为"声音"的系列活动，旨在支持社会和种族多元化口语诗人。该系列活动反响良好，英国全国银行也得以重申自己坚持多样性的价值观。但是，该活动也不出所料地收到了一些种族歧视者的恶意评论。

英国全国银行不但没有删除这些评论，反而对其进行了回复。这么做不仅再次向人们强调了自己多元包容的价值观，还公开地支持了参与活动的这些诗人。麦丽素和麦肯两家食品公司也有类似的经历，英国全国银行将这两家品牌收到的一些恶意社交媒体帖子融入在第四频道播出的广告里，以此来提高公众反对网络暴力的意识。整个过程中，英国全国银行非但没有试图隐藏这些恶意攻击，反而通过公开的广告传递了"人们要团结起来共同抵制仇恨言论"的重要信息。

处理他人平台和社交媒体中的辱骂内容

如果在他人的平台上出现了针对你的恶意攻击内容，事情就会更复杂。再次强调，意图是关键。如果仅仅是因为你不喜欢这样的内容就要求别人删除，几乎是不可能的。但是如果此内容真的具有侮辱性、具有潜在的危险或是完全不实，你就可以要求相关负责人将其删除。

你的最终目标是透明化

总体来说，尽量避免删除已经发布的内容。在危机中，你需要获取信任。这意味着你必须要保持坦诚，并且要让你的观众知道你是坦诚的。有人会发表观点，就有人会在悄悄观察。你对于恶意批评的回复不仅仅是针对批评本身，也是对所有潜在攻击你的人的提醒。

行为总结：在社群中保持透明化

1. 从网站上删除已发布的内容，或是试图通过言论禁止阻止人们讨论是不可能的。不要轻易采取法律措施，要思考这么做是否会影响未来的声誉。

2. 明确想要删除已发布内容的意图。该内容是否真的不实，还是只是影响了你的个人情绪？删除内容后会给品牌形象带来什么样的影响？

3. 永远记得要纠正不实信息和谎言。为了防止同样的问题在未来再次被讨论，要留下解释事实真相的记录。

4. 除非他人的评论具有侮辱性、威胁性或是充满仇恨（即便如此，你也可以对此进行回复，重新强调你的价值观，采取坚定的立场），尽量不要删除内容。永远不要仅仅因为批评你的品牌就删除他人的帖子。

5. 保持公开透明会在危机中帮助你重建信任。信任是在危机后帮助品牌重新恢复形象的关键。

第十一章
危机实例

从5大品牌中学习危机处理的方式

联合航空公司3411次航班事件

2017年4月10日,大卫·陶,一位肯塔基69岁的医生准备搭乘联合航空3411次航班从芝加哥回到肯塔基的路易斯维尔。登机几分钟后,当地时间大概下午5点时,乘务代表要求四位乘客志愿放弃自己的座位,以便让乘务工作人员登机。作为回报,航空公司愿意向志愿者们提供400美元的旅行券、酒店住宿以及改签机票。当没有人愿意让出自己的座位时,条件被提高到800美元。即便如此,依然没有乘客愿意这么做。于是,该航空公司使用了一个随机抽签的软件选取了四名乘客。

陶医生是其中被选中的人之一。他拒绝下飞机,因为他必须及时赶到路易斯维尔去看病人。于是,安保人员(芝加哥市的安保人员,而不是联合航空的雇员)将陶医生强行带下飞机,并在飞机过道上将其拖行。他的脸磕到了座椅扶手上,两颗牙被撞掉,脸部流血,鼻子被撞破,还撞出了脑震荡。他被带到附近的医院治疗。

飞机上的另一名乘客杰斯·安斯帕奇将这个过程录了下来,并发布到了推特上。该视频被上传后被转发了154000次（安斯帕奇在推特上有1500名粉丝）。该事件在世界各地传播开来，其中一名乘客说他们以为陶医生被要求下飞机的原因是他看起来是中国血统（事实上他是越南裔美国人）。48小时之内，美联航强行要求乘客下飞机的视频成为微博热搜。据《纽约时报》报道，该视频播放量超过5.5亿次，评论数多达24万条。

该事件也迅速登上了主流媒体。在事件发生的几个小时之内，记者们就纷纷联系安斯帕奇，希望可以使用他的视频。

当天下午4点左右，美联航总裁奥斯卡·穆诺兹在推特上发布了一则官方声明。他在声明中对此事表示道歉，但是后面的内容却十分不诚恳：联合航空公司全体员工对此感到十分沮丧。我为不得不重新为乘客安排行程表示道歉。我们的团队正在快速行动，与相关机构密切配合，对发生的事情进行详尽的调查。与此同时，我们也与该名乘客取得联系，并且会进一步解决此事。

让我们来分析一下该声明。首先，联合航空写到"公司全体员工对此感到十分沮丧"。可以想象的是，这件事中的陶医生及其家人，甚至是该次航班上的其他乘客应该感到更加的沮丧。此时，没有人会对联合航空的沮丧情绪感到同情。

之后，该发言人讲："我为不得不重新为乘客安排行程表示道歉。"重新安排？真的吗？穆诺兹因其用词在社交媒体上被声讨。陶医生并没有被"重新安排"，而是被从飞机上拖拽下来，并且因此受了伤。

然后，声明继续道："我们的团队正在快速行动。"这是什么意思？行动是什么？快速表示什么？声明最后表示"我们也与该名乘客取得联系，并且会进一步解决此事"。"进一步"这一表达方式似乎表示这件事已经被处理过，但显然并不是这样的。

在危机中，平实、明确的语言十分重要。谁又会相信把"重新安排"等同于生拉硬拽乘客下飞机的航空公司呢？我相信，联合航空这个声明是经过多轮修改而得的。但是这个结果给人的感觉是联合航空非常不情愿解决问题。

穆诺兹在24小时后再次发表了一则声明。该声明的标题是《联合航空公司总裁奥斯卡·穆诺兹就3411次航班事件的声明》。声明内容如下：

该次航班上发生的可怕事件让我们所有人都感到震惊、愤怒和失望。我本人也深有同感。更重要的是，我对发生的事件感到万分的抱歉。像大家一样，我一直被飞机上所发生的事情所困扰，我对被强行拖拽下机的乘客以及该次航班所有的乘客表示深深的歉意。没有人应该被这样对待。

我想告诉大家，联合航空对此负全部责任。我们也会竭尽全力改正错误。

做正确的事情永远都不会太迟。我向所有乘客以及员工承诺，我们要切实地解决问题，并保证类似事件不再发生。这包括：详细向乘务人员了解事件过程，改进超售时乘客志愿者的选取政策，控制超售的情况以及完善与机场和当地执法部门的合作方式。我们会在4月30日前向大家汇报各项工作的进展。

我向大家保证我们会做得更好。

真诚的，
奥斯卡

事件发生后的一周是联合航空噩梦般的一周。股价下跌，市值减少7.7亿美元。消费者抗议，甚至特朗普总统在《华尔街日报》的采访中也表示陶医生的遭遇是"可怕的"。

意料之中的是，事件刚刚发生后，公众对陶医生深表同情：他1975年从越南来到美国；身为一名医生，他必须乘坐那班飞机去看他的患者。事件最后，他与联合航空达成了保密的赔偿协议。但是，后面发生的事情很有趣，这也是我们在危机中常见的（还记得我们在第四章讲到的"公愤的循环"吗）。

奥斯卡再次发表声明后的24小时之内，记者开始全面调查陶医生的背景。相关报道像野火般蔓延开来：陶医生之前曾和一名患者有性关系，并且为其违规开具处方药，并因此留下犯罪记录。陶医生也因此被限制了和病人的接触。小报媒体和社交媒体哗然。

无论陶医生的过去如何，很显然和他被从飞机上拽下来毫无关系。但是，这又一次表明危机公关中有趣的现象：一开始充满同情心的公众会在转眼间拿起刀叉攻击你，受害者转眼变成了恶人。

一年以后，该事件又改变了什么呢？它给航空公司行业带来了几个改变，对联合航空影响不大，却给陶带来了巨大的影响。联合航空已经废除了乘客自愿下机的政策（因安全因素除外），并提高了自愿改签乘客的奖励金额。整个航空业，把乘客赶下飞机的情况越来越少。一年后，媒体网站依然不时地引用这件事，尤其是每当联合航空再次陷入争议之时（比如2017年下半年，有一空乘人员坚持要求一名乘客把宠物狗放在头顶的行李舱里，导致其窒息而死）。但尽管如此，联合航空并没有遭受任何长期的损害。在事件发生后的一个月，股价不仅恢复正常，并且创下新高。乘客数量比去年也有所提高。我们不知道联合航空向陶支付了多少赔偿金，或者该笔赔偿是否数额巨大。但是，不管数额多少，陶却因此入院，一夜间成为了全世界媒体的谈资，他被磕伤流血的脸遍布网络。

该事件是否对联合航空产生长期的影响呢？这是一场危机，还仅仅是一个短期的麻烦呢？我相信，对于身在联合航空公司负责管理此事的人们来说，这肯定是一场危机。它影响了公司的股价，并且有可能影响销售额。它给公司的名誉带来了损害，并且花费了公司的金钱、时间和精力。但最终，股价得以恢复。重要的是，穆诺兹想让公司记住这个事件的经验教训。其领导力也在对此事的回顾中得以展现。2018年芝加哥的一场会议上，穆诺兹说："我们公司去年的3411次航班事件极其糟糕，几乎家喻户晓。这个事件中，一名医生被拖下飞机。人们会以为我会因为这件事情的结束而松一口气，或者是期盼这件事趁早结束。然而，恰恰相反，我从来没有这么想过。我希望我们所有人时刻铭记这一事件。它会提醒我们，事情可能一下子就变得很不利。"

与第一次声明相比，奥斯卡迅速从中吸取经验并且做出改变，展现了出色的领导力。这也是可以将公司从危机中拉回正轨所需的领导力。

从联合航空3411次航班事件中总结经验：

1. 即便你不是事故的完全责任人，但作为提供了产品或服务的品牌，这就变成了你需要应对的危机。检查所有和品牌有合作的流程是否出现了潜在问题，不仅仅是品牌本身参与的过程。
2. 你提供给顾客的所有服务过程都可能被记录下来，并被公之于众。要意识到所有事都是公开的。所有人都可能引发讨论。
3. 即便是一次性的事件，也要采取得当的行动来避免类似事件的再次发生。品牌可能幸免于第一次发生的事件，一旦发生第二次，就会造成更大的损坏，媒体也会翻你的旧账。

> 4. 搞清谁是事件的受害者。或许品牌并不是受害者。确保品牌声明中体现对受害者的歉意,在声明中使用平实的语言,切记不要掩盖事实。仔细斟词酌句,多次修改并不一定能够展现出最佳的效果。
> 5. 从危机中吸取经验教训。像穆诺兹所说的,要"时时铭记"发生的危机,避免再次发生。
> 6. 这场危机是否可以被避免?或许,在联合航空公司与其地勤合作方(以代表航空公司的形象面向顾客)进行更加有效的沟通和优化其流程管理的前提下,就可以避免后续的危机。但是,像联合航空如此庞大的企业,总会有无法预料的事故发生。重要的是品牌如何应对。

优步与卸载优步事件

2017年1月,优步被指责从一项特朗普下达的行政令中捞取利益。该行政令禁止一些国家的难民和移民进入美国。为了表示对此项命令的抗议,纽约市的出租车司机发起罢工,拒绝在肯尼迪机场搭载乘客。然而,优步继续机场接送乘客的业务,甚至下调了平时的高峰价格。相反,竞争品牌来福车则发表一则反对该行政令的声明,并且表示支持受到该项命令直接影响的司机成员、家人以及朋友。同时,来福宣布向美国民事自由联盟捐献100万美元以表支持。

丹·奥沙利文是第一个发起"卸载优步"话题的记者和撰稿人。他在该条推文中鼓励人们使用当地的出租车服务。在接受2017年1月《每日野兽》的采访中,奥沙利文表示:"我发起'卸载优步'的话题是想提醒人们：如果企业试图安然度过特朗普掀起的政治风波，并在一旁悄悄获利，就要付出代价。"

优步当时的总裁特拉维斯·卡兰尼克被大众声讨，反对他支持移民政策（他当时是特朗普战略与政策论坛的一员）。一夜之间，"卸载优步"的话题成为了热点话题，各路名人（包括演员苏珊·萨兰登、佩雷斯·希尔顿和乔治·武井）向数百万粉丝分享了该话题，分享他们卸载优步软件的截图或是对比优步与来福车的不同。据《纽约时报》报道，总共有大约20万人因此卸载了该软件。对优步来说，雪上加霜的或许是该事件对员工和司机们的影响。优步暂停了卡兰尼克的工作，以此向公众表示公司并非支持"反移民"。

优步被该事件打了个措手不及。它完全应对不了如此多的卸载数量。在此之前，公司都是人工帮助用户注销账户，他们从未经历过这么多用户同时要求注销账户的情况。优步为此不得不设计自动化流程来应对大批用户卸载。

第二天，卡兰尼克在自己的脸书页面上发表了一则消息，承诺出资300万美元帮助受禁令影响的司机，并称他们受到的待遇是"不公平的"。一周后，在他的员工要求下，他从战略与政策论坛辞去职务。然而，现在挽回所有的损失已经太迟了，整个过程也没有想象中的那么公平（据2017年《纽约时报》的报道，特朗普的两位主要支持者与顾问彼得·泰尔和卡尔·伊坎持有大量的来福士股票）。优步错在了没有理解乘客和司机之间强烈的纽带关系。

后来，这场风波渐渐平息。就像吉尔·格林在第一章讲到的，消费者或许不认同你的企业，但是却依然支持面对面为他们提供服务的企业员工。不过，"卸载优步"的话题被永远地留在了网络上，不会轻易消失。

在优步一位前员工苏珊·福勒发表了一封3000字的在公司遭到性骚扰的控诉文章后，优步再次在2017年2月被推到风口浪尖。在此之后，每当公司面临一场新的危机时，"卸载优步"也会被旧事重提。

> 从"卸载优步"事件中总结经验：
>
> 1. 真正地理解消费者、员工以及合作伙伴关心的事情，并对此采取迅速的行动。优步在事件发生后虽然表达了对司机的支持，但却为时已晚，无法阻止公众对它支持移民禁令的看法。
> 2. 事实并不一定意味着危机。公众对你的看法才是最重要的。卡兰尼克知道行政令会不利于优步的司机，却没有足够快速的公开表示对他们的支持。
> 3. 企业是无法清晰地划分个人、政治以及业务之间的关系的。企业总负责人的行为会被看作是公司的行为。
> 4. 这场危机是否可以避免？是的，如果优步多听取消费者的意见的话就可以避免。

TalkTalk网络攻击事件

2015年10月21日，英国媒体首次报道了网络公司TalkTalk出现了服务异常的消息。第二天，该公司遭到"严重且持续的网络袭击"的新闻登上了各大媒体。接下来24小时的报道指出，接近400万名顾客的个人信息被盗。公众对此表示强烈的不满。（根据社交元素为本书做的调研，社媒提及量平均每小时2000次，是一个极其严重的负面数字。）

TalkTalk在接下来的几天陆续发出数则声明，但却完全没有任何实质性的内容。首先，声明讲到网站由于被攻击而关闭是为了保护用户信息。然后，有一条声明表示执法部门正在调查此次网络袭击，一些信息有可能已经被盗窃，这些信息包括姓名、地址、出生日期、电话号码、电子邮件、TalkTalk账户信息、信用卡信息和银行信息。该声明还指出这些损失由分布式拒绝服务（DDoS）攻击造成。这些内容似乎在告诉公众，公司完全不知道自己在做什么，因此让大家备感忧虑。注册机构后来指出，DDoS只能通过增加网络负担使网站瘫痪，并不能从网站上盗取信息。10月23日，TalkTalk表示收到了攻击者的勒索，但是依然不清楚此次攻击的细节：多少用户被影响，或者是哪些数据被盗窃。

  TalkTalk当时的总裁迪多·哈丁接受了一系列媒体采访，上传了诸多视频来解释此次袭击，但是并未提供任何具体细节。她回答不出简单的安全问题，也不知道到底多少人受到了影响（很可能的事，每一个用户都受到了影响）。没有明确的信息造成流言四起，人们纷纷猜测此次袭击的幕后黑手。TalkTalk完全失去了事态的控制权。英国广播电台4号频道的《财富节目》报道有用户收到骗子的电话，声称他们是Talktalk的工作人员，要求用户告知与被盗信息相关的支付细节。

  图2中显示，TalkTalk的股价在信息被盗事件发生前就有轻微下滑。2015—2018年里，该公司股价曾有多次大幅下跌，几乎每一次下跌都与信息被盗事件相关。

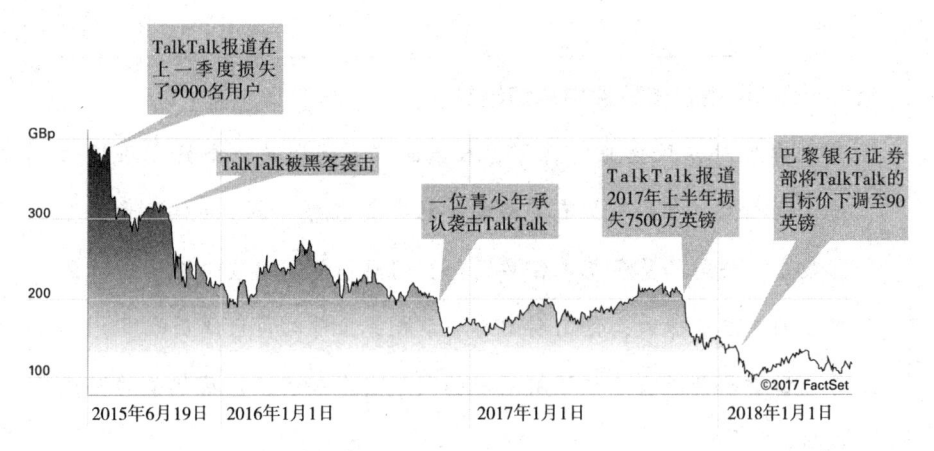

图片来源：社交元素

图2　2015—2019年TalkTalk股价波动及其原因

截止到11月，TalkTalk被证实有15.7万名用户的数据被盗（不是一开始报道的400万），大约15500的银行信息被泄漏给了黑客。2016年1月，北爱尔兰安特里姆的一名青少年承认对此次事件负责。2018年11月，另外两名20多岁的男子也因这起网络袭击案被判刑。

该事件对TalkTalk造成的影响非常持久，多年以后还在影响着其股票价格。TalkTalk的股价从黑客入侵开始遭受了一系列打击，然后在危机的几个转折点中出现了明显的下跌。其中，最引人注目的是发起黑客袭击的年轻人承认自己负有责任的时候，以及该公司宣布半年亏损的时候。

此次黑客袭击给TalkTalk带来了7700万英镑的损失，利润减半，并且失去了1万名用户。2017年，英国信息委员办公室（ICO）针对此事件对TalkTalk处以40万英镑的罚款，并在其报告中谴责了TalkTalk对此事的处理。信息委员伊丽莎白·德纳姆表示："TalkTalk未能实施最基本的网络安全措施，使得黑客可以轻松侵入TalkTalk的系统。"

> **从TalkTalk网络攻击事件中总结经验：**
>
> 1. 危机发生时，让企业的总负责人出面解决问题是一个好方法。但是，请确保该负责人拥有其所需要的事实信息。如果品牌遭受了黑客袭击，公司的总负责人需要清楚公司目前的网络安保系统是什么样子的。这意味着，你需要迅速联系相关工作人员来阐明此事。
> 2. 每一位董事会成员应该了解基本的网络安全知识，以及相关的潜在风险。
> 3. 如果一开始就掌握了不实信息，你就会失去信誉。哈丁虽然勇敢地面对了所有的媒体采访，但是却失去了公众、信息安全评论员以及用户的信任。
> 4. 只讲事实，不讲流言。
> 5. 这场危机是否可以避免？我们不能确定。但是可以确定的是，如果TalkTalk的安保系统更加完善，就可以缩小此次危机的规模。

富国银行欺诈与举报人事件

杰西·吉特隆于2008年开始在富国银行上班。在她入职后不久，就发现同事们为了实现业绩，在客户不知情的情况下为其开立高账账户。吉特隆告诉哥伦比亚广播公司的记者："这是欺骗。我一直在反馈这件事，但此事没有得到任何妥善处理。"她于2010年被公司开除。一项持续了两年的诉讼也就此撤销，吉特隆放弃了这场抗争。

吉特隆并不是唯一一个发现此类现象的员工，也并不是第一个因此上诉的人。2016年8月，富国银行被要求向其因怀疑团队中的两个人涉嫌欺诈而被开除的银行经理支付540万美金的赔偿。到了2016年9月，富国银行身陷丑闻，面临着系统性欺诈的指控。此事件牵涉出曾经的700多位举报人，他们纷纷讲述了自己的经历，一直可以追溯到2010年。该银行与监管部门达成了一项1.9亿美金的和解协议。据报道，有210万个未经客户授权的账户被开立。政治家和意见领袖纷纷利用社交媒体表达了他们的愤怒。美国总统候选人伯尼·桑德斯向其推特的780万粉丝表示："美国人民被富国银行欺骗，而他的高层领导却赚了1.24亿美金。这真是奇耻大辱。"

该银行的企业文化受到了质疑。激进的销售目标被指责为习惯性欺诈用户行为且被公司忽视的企业环境的罪魁祸首。美国联邦银行监督机构货币监理署对富国银行进行了内部审查，以寻找其忽视这一现象的原因（早在2010年，公司就已经收到类似的投诉）。同时，监督机构还撤下了公司负责人的职务。

富国银行总裁约翰·斯腾普夫首当其冲。2015年，他在《财富》杂志的采访中告诉记者，他以公司的工作理念为荣，并称自己是企业文化的守护者。在9月份的参议院听证会上，参议员伊丽莎白·沃伦公开要求他辞职。随后，耶鲁大学公司治理专家杰弗里·索内尔菲尔德向美国有线电视新闻网表示，斯腾普夫就像一头"被汽车大灯缠住的聋了的鹿，在理解、解决和沟通问题方面反应迟钝"。2016年，斯腾普夫在丑闻不断发酵的情况下，同意放弃他的大部分工资、奖金以及分红。2016年10月，他迫于压力辞职，并表示这么做是为了公司好。美国有线电视新闻网报道："听证会以及另一场对其饱含严厉批评的会议可能加速了斯滕普夫的辞职决定。"

> **从富国银行欺诈与举报人事件中总结经验:**
>
> 1. 富国银行过于激进的销售目标以及上层对这一现象充耳不闻的做法是此次丑闻爆发的根本原因。
> 2. 如果企业的总裁是企业文化的守护者,那么当这一文化被质疑时,该负责人也必将成为攻击对象。
> 3. 在选举委员会或是相关组织机构成员面前恶劣的表现会导致企业总裁被解雇。
> 4. 这场危机是否可以避免?是的,如果富国银行及时听取员工的声音,及时发现并惩戒此类欺骗消费者的行为,更多地关注企业文化的建设,危机就会避免。

劳埃德银行的信息技术系统乱局事件

2018年4月,劳埃德银行开始按照计划升级其信息技术系统。银行通知客户有一些服务将被暂时关闭,以便信息从旧系统向新系统的迁移。数据的迁移将在周末进行,周日晚上新系统就可以正常使用。

但是,系统更新出了问题。当一些客户再次登录他们的网上银行时,他们不仅能看到自己的账户,还能看到他人的账户。银行快速解决了这个问题,但是更多的问题扑面而来。社交媒体上充满了人们无法登陆账号、无法转账的投诉。向银行讨要说法的客户激增,客服中心完全无法应对。人们又开始指责银行解决问题的效率低下。信息委员办公室针对信息泄漏开展了调查,消费者监督机构"钱从哪里来"在社交媒体上向该银行客户提出建议,让他们向银行索赔。不久后,银行的客户表示他们被一些骗子联系。这些谎称是劳埃德银行职员的人向他们索要账号和密码。英国监管部门金融市场行为监管局指出，此次信息技术系统事件导致了1.06万起欺诈案件。新闻媒体根据社交媒体上人们的内容发布进行总结，报道有人无法偿还贷款、陷入债务或是无法周转经营。

安德鲁·贝利，金融市场行为监管局局长向议会财政委员会表示，他"对劳埃德银行与客户的沟通不满意"，并"担心该银行在此事件中不够公开和透明"。他指出，劳埃德银行应该更加谨慎小心，不应对信息泄漏事件持有过于乐观的态度。

2018年6月，劳埃德银行向其受到影响的客户致信，但是却将顾客的信息写错。2018年9月，劳埃德银行的系统又一次崩溃，上千人无法使用在线的银行账户。连续两次系统问题吸引了更多的社交媒体关注。

据报道，2018年的危机让劳埃德银行损失了1.75亿英镑（不含利润）。银行总裁保罗·佩斯特也因此失去了工作。他于2018年9月离职，离职时他获得了120万英镑的遣散费和50万英镑的奖金，这让客户非常愤怒。事件发生后不久，他被要求退还了200万英镑的奖金。

从劳埃德银行信息技术系统乱局事件总结经验：

1. 坚持事实。不要试图让情况听起来比实际情况好。

2. 假借你的名义趁机行骗的情况是有可能出现的。

3. 品牌二度出现类似的事件，即便是很轻微，也会给已经被打击过一番的组织带来更大的伤害。做好准备。

4. 最终，品牌首席执行官会被公众拿出来问责。而他或她的薪酬也将在危机过后受到质疑。

> 5. 这场危机是否可能避免？答案是未知的。信息被盗可能发生在任何组织之中。但劳埃德银行可以更加坦诚地告诉其客户发生了什么，这会使危机的破坏范围变小，影响时间也会变短。

危机中的规律

2018年夏天，我请社交元素这家社交媒体管理公司为本书的这一章节进行调研，希望他们从这五场危机中找到消费者反应的共同之处。这么做的目的是确定品牌是否可以理解以及提前为一场危机的进展做出应对计划。社交元素的团队从社交媒体体量、意见领袖涉及程度、危机如何爆发，以及危机的代价几方面进行了研究。

危机如何爆发

这些案例几乎都是先在推特上爆发，紧接着是主流媒体的报道。TalkTalk的危机是唯一的例外，他在主流媒体和社交媒体的爆发是同时的。

危机的代价

联合航空：

- 股价损失：7.7亿美元（股价迅速恢复）
- 业务损失：销售额未受影响；罚金与补偿金未公开

优步：

- 业务影响未知；但据报道，有20万人删除了软件

TalkTalk：

- 股价损失：下跌10%
- 业务损失：7700万英镑，40万英镑罚金

富国银行

・股价影响：很小

・业务影响：大概2亿美元

劳埃德银行：

・股价影响：未知（劳埃德银行母公司是萨瓦德尔）

・业务损失：1.75亿英镑

危机对企业首席执行官的影响

危机不仅会影响品牌，也会影响其首席执行官。在上述五个案例中，只有一位首席执行官在危机后的六个月依然在位。

危机对首席执行官个人的影响：

・联合航空：首席执行官奥斯卡・穆诺兹最初因对危机处理不善而受到批评。危机过后，他表现出了强大的领导能力，据报道得到了他的员工的支持。他保住了工作，但于2017年自愿将工资减半（与2016年相比）。

・优步：卸载优步的事件发生后，创始人兼首席执行官特拉维斯・卡兰尼克从唐纳德・特朗普的顾问委员会辞职；他在卸载优步事件引发的一系列危机后于2017年6月辞职。

・TalkTalk：首席执行官迪多・哈丁在公众面前表现得不了解危机规模以及企业网络安全基础，因此失去了信誉。她于监管机构对TalkTalk处以罚款的四个月后辞职。

・富国银行：首席执行官约翰・斯坦普夫在参议院的听证会后不到一个月的时间就辞职了。他因处理危机的方式而受到广泛的批评。更重要的是，他放任企业文化持续恶化的行为使他成为众矢之的。

其他显著规律

1. 意见领袖：最能够传播危机的一群人就是在媒体上具有巨大影响力的意见领袖们。在富国银行的案例中，许多政治家都谈论了此次危机；在卸载优步事件中，名人的参与也使危机升级。

2. 嘲讽品牌。除非这场危机涉及到人身伤亡，人们很有可能会嘲笑你的品牌。在所有这些例子中，都出现了嘲讽该品牌的恶搞推文。

3. 你的危机会在你再次经历重大事件时重新在社交媒体上被热议。联合航空在与陶医生商议和解协议时，社交媒体对原始危机的热搜指数有所上升（在穆诺兹第二次道歉后下降）。优步在前员工苏珊·福勒的公开信后（以及每次涉及到司机权利的话题）再次被推上风口浪尖。TalkTalk在宣布收到赎金要求以及犯罪青年被捕时再度被热议。富国银行在被罚款后再度被热议。劳埃德银行在Visa出现了类似的信息技术系统问题后被拿来做比较，又在监管机构表示劳埃德银行的处理不当引发了1.06万件欺诈案件时被讨论。

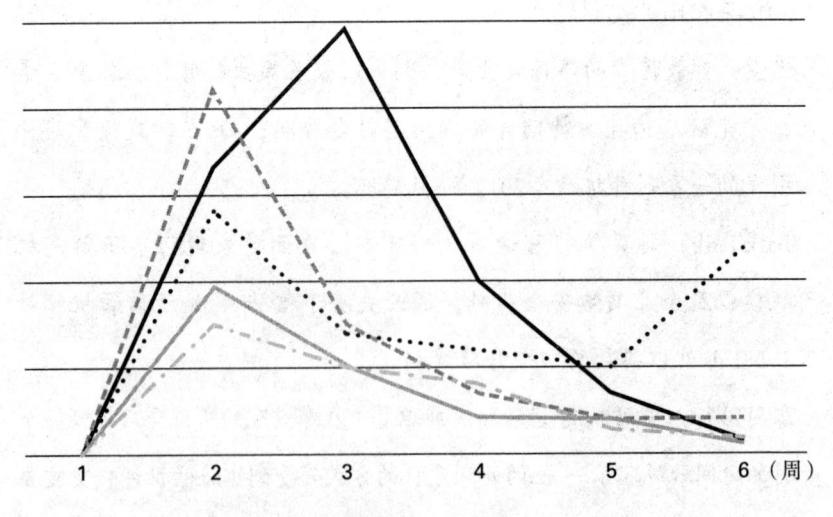

图3　五个案例中社交媒体行为规律

总之，每一场危机都有一个类似的规律：在前两周有着巨大的活跃度，然后迅速降低热度，随后，在危机取得巨大进展时又会被重提（图3）。

值得注意的是，危机虽然会削弱，但是却具有长尾效应。如果没有在第一次出现问题时得到妥善处理，就有可能再次造成影响。

第十二章
讲述真相的重要性以及其在危机和信誉管理中的角色

> 获取消费者信任的唯一方式就是把大门敞开。
>
> 约翰·布朗，别为狼哭泣公关公司创始人

谎言与欺骗：好与坏

当我还是个孩子的时候，我遇到了一个70多岁的老人。他是战时的轰炸机驾驶员，军功卓著。一场撞击使他左眼失明。我问他："一只眼睛怎么继续开飞机呢？"他笑着告诉我，他从来没有在自己的体检报告里报告这件事。视力检查的时候，检查右眼顺利过关。他按照医生要求用左手遮住左眼，然后从视力表上读数。但是在检查左眼的时候，就有些难了。当医生让他用右手遮住右眼的时候，他则用右手遮住左眼，继续读表。于是，他蒙混过关了。当然，他的战友飞行员们都知道他的视力。但是，他的飞行技术高超，每个人都想让他成功通过体检。所以，大家也就对此睁一只眼，闭一只眼。

儿时的我十分喜欢这个故事。直到现在，我也依然对这个故事情有独钟。这又是一个有关大卫和歌利亚的故事：一个人打败比他强大、但笨拙

的系统。

我父亲的一位年长的同事曾是一名军人。在二战期间被德军俘虏时，他假装失聪，这是出了名的。由于战争受伤而失聪，导致他对于逮捕他的人毫无用处（如果他在审讯中听不到问题，他就不能回答），他最终也会被释放。逮捕他的人过去常常在他身后用手枪射击来测试他的反应，而他从不畏缩。一年后，他被释放了。（据说，他唯一一次几乎暴露自己是在他拿到自己的释放文件的时候，他不得不忍住不向对方说"谢谢"。）

这些故事是勇敢和非凡的，它们往往成为间谍小说和电影的素材。我们看着这些故事长大，被那些逃脱抓捕，暗中监视敌人，引敌人上当的英雄故事深深吸引。在这些故事里，主人公们始终都是正义的伙伴。

人们为什么撒谎？

人类在3岁的时候就学会了撒谎。这些谎言几乎都是出于自私的心里，想要逃脱犯错的惩罚或是让自己免于麻烦。孩子说出"不是我弄坏的，是她！"这样的话的时候，就展现出心理学家们所说的"心智理论（theory of mind）"。心智理论指的是识别自己的想法和他人的想法不同的能力。据多伦多大学心理学家康·李2013年的研究表明，人们大概是在3岁学会应该诚实，但是也意识到不一定非要讲实话。大约7岁的时候，我们开始学会了"亲社会"的撒谎或是"无恶意"的谎言。这也是大脑发育的一个重要表现。这些谎言也是我们所说的"善意的谎言"，即让听到的人感到好一些的"谎言"。从那时起，在"保持诚实"与"怀有同情心"之间的抗争中，出现了同情心占据上风的情况。

所以，撒谎是个体发展的一个部分，也表现出同情他人的能力。

但是，随着我们的成长，事情会变得更加复杂。康·李谈论到"蓝色谎言"——既自私又无私的谎言，这指的是为了保护你的团体中的成员而牺牲外人的谎言。比如，你可能为一名犯罪的家庭成员掩饰罪行来保护你的家庭，或者是替同一个球队中作弊的队员撒谎来保护整个球队的利益。有趣的事，李的研究展现了不同文化背景下人们的行为区别。他引用了一个中国的案例。在一个年龄分布在7到11岁的班级里，孩子们被告知他们的班级因为违反了象棋比赛的规则而使学校获得了竞争优势。每个孩子在接受单独采访时，都表现出更可能通过撒谎来保护学校声誉的愿望。李表示，在中国的文化里，集体的和谐与荣誉是非常重要的。所以"社会形态的文化规则会影响孩子们愿意撒谎的程度。"

我们在生活中都有故意欺骗某人的经历。那么，什么时候必须讲述真相？什么时候欺骗也是可以被接受的呢？什么时候的欺骗会给我们带来好处？什么时候又会给我们带来损失呢？

西塞拉·博克是一名哲学家，也是《谎言：在社会与个人生活中的道德选择》一书的作者。她是这么定义谎言的：人们所陈述的任何故意欺骗性的信息。但是，欺骗在一些情况下反而是一种美德。比如，战争中的"蓝色谎言"。在为2017年的《科学美国》撰文时，作者J·A.史密斯以唐纳德·特朗普为例，提出了为什么政治家的谎言会被其支持者所接受的问题。他引用得州农工大学政治科学研究专家乔治·爱德华的话：人们原谅对敌国说谎的行为。现在许多美国人把政治观点不同的人视为敌人，他们或许在发现即便是谎言后，也会认为这是可以被接受的战争手段。"

该理论是否解释了为什么如此多的公司在处于危机时不愿意告知公众真相呢？他们是否把危机当作了一种战争？为了保护品牌，公司是否不得不撒一个"蓝色谎言"呢？品牌似乎坚信这个谎言将决定公司的生死。

撒谎就会存活，你得以保护你所关心的人，你的组织架构也得以继续生存。但与此同时，你也因此而欺骗了公司外部的人们，他们可能因此而受到伤害。

揭发谎言

在道德上，"蓝色谎言"总是难以界定，特别是在决定是否检举的情况下。揭发谎言对公司识别和制止不道德甚至非法的业务活动是至关重要的。如果一名员工发现其团队内发生了欺诈的行为，他们会出于直觉保护身边的同事？还是会揭发他们来保护整个公司呢？

为了在培训中帮助企业管理者们了解危机中可能发生的事以及如何应对，我花了大量的时间来研究大型企业所经历的丑闻和危机。大多数案例中都会有一个类似"举报人"的形象。这个人可能是不满的员工（或是与公司关系较近的人）匿名向媒体举报；或者是一名前员工回顾其在公司的经历或者是类似维基揭秘一样的全面揭露。

企业应对这样行为的唯一办法就是在一定的规则管理下，鼓励揭发不良行为的做法。然而，从企业文化来讲，大多数人都会反对这样的做法。2017年，富国银行面临着在客户不知情的情况下为其开立账户的指控。2017年9月，银行同意支付1.85亿美金的罚款以及向客户返还500万美金。总裁约翰·斯腾普夫在议会银行委员会的听证会上承担了"所有相关不道德销售行为"的责任，并于同年10月辞去总裁一职。

2016年10月，《纽约时报》报道了许多富国银行员工质疑银行内不道德销售行为的故事，这些故事一直可以追溯到2005年。据报道，其中一名员工朱莉·提斯科夫当时是银行的行政助理，她连续对此事进行了四年的投诉，直到她于2009年被解雇。她的很多同事也有类似的遭遇。有一些人给公司的道德热线打电话进行举报（其中有一名员工声称自己在举报不久后被开除）；有一些人甚至直接给总裁写了信。然而，除了在2007年的员工手册里加入了必须获得顾客许可才能为其开立账户的提醒之外，银行没有对此作出进一步的整顿。在2017年银行承认错误后，《纽约时报》报道，有很多富国银行的前员工开始挺身而出，将他们的经历曝光。该银行将自己的行为归咎于没有把独立的举报所折射出来的问题联系起来进行整体的严肃处理。直到2013年，问题爆发引发了内部审查后，才开始正视这一现象。

"揭发者"这一个词语具有对组织不忠诚的意味。当我们为企业模拟事件检举与揭发场景的时候，品牌首先会做的事情通常是想方设法打压"揭发者"，而非尝试解决其背后代表的更深层的问题。被别人批评确实不好受，更别说去探求背后的原因。但是，试想富国银行早在2004年就认真对待员工的投诉，然后采取措施，就会杜绝后患。不作为的代价是巨大的，富国银行不仅为此缴纳高昂的罚金与退款，还因此名誉扫地。

英国政府商业创新和技能部在其《举报行为守则》中列出了以下内容：

1. 制定检举政策或适当的书面程序。

2. 明确检举流程，确保检举政策或程序易于员工们的使用。

3. 通过所有可行的方法提高对公司检举政策或程序的认识。这些方法可能包括员工活动、内部网站和市场化的宣传。

4. 向所有员工提供培训，让他们了解应该如何进行信息披露以及披露后将会采取何种措施。

5. 为管理人员提供如何处理信息披露的培训。

6. 让各级员工明确公司支持和鼓励检举不当行为。

7. 明确和解协议中的任何条款都不会阻止员工为了公众利益而披露信息。

8. 组织检举政策或流程中，应明确检举联络人。同时，组织应制定多名检举联络人，以便检举人不便联络某位联络人时可以向其他联络人举报。如果组织和认证过的公会有所合作，公会中也应派出代表作为其中一位联络人。

9. 营造让员工们可以放心地公开自己的想法的组织文化。让他们知道自己的发言不会给自己带来任何损害。

10. 明确不接受任何针对对检举人的损害。

11. 承诺对所披露的信息进行适当地、一贯地、公平地、专业地处理。

12. 承诺保护检举人的身份，除非法律要求披露。并在整个过程中提供指导、建议和咨询的支持。

13. 根据其他法律要求，在可能和适当的情况下，向检举者提供反馈。反馈应该包括即将采取的举措和时间点。

讲述真相

在公司经营中保持诚实需要什么？

约翰·布朗是别为狼哭泣公关公司的创始人。这是一家旨在帮助品牌诚实表达心声的机构。他对于品牌为什么需要保持诚实有着极大的热情，并且很清楚为什么绝大多数品牌并没有这么做。他表示，在社交媒体的世界里，恐惧阻止了品牌保持公开与诚实。做到公开与诚实需要勇气。在与布朗共进午餐时，我问他为什么品牌保持诚实如此重要。当这个问题被提出来的时候，我感到这是一个奇怪的问题。当然了，品牌应该讲实话似乎是明摆的事。然而，我们生活在一个"后真相"的时代，埃塞克斯大学2011年的一份研究指出，我们可能正在提高对一定程度欺骗的容忍度。也就是说，你接收到的东西已经不是它刚给出的样子了。

布朗说："这是一个有关市场份额与竞争的问题。现在的消费者如何在产品过剩的时代保持对一个品牌的忠诚呢？所以，品牌竞争力体现在品牌如何表现以及如何与其消费者进行沟通。"品牌在看到消费者流失到竞争品牌后就知道自己需要改变了。他引用了TKMaxx2018年的广告词，这就是一家对自己和消费者非常诚实的品牌。由比尔·尼吉为其配音，广告一开始就说："我知道你在想什么。人们为什么回来TKMaxx购物呢？"这个问题的答案紧随其后。"你可能会感觉我们的布置杂乱无章。但是，在寻找平底锅的同时，您还能同时看到精品连衣裙也在那里呢！"TKMaxx对大众十分诚恳，也令人耳目一新。广告最后，尼吉说道："谁在乎布置地乱不乱呢？你看那双鞋多么美！这就是勇气。它展现了品牌对自己所能提供给消费者的价值十分清楚的认知，也对目标客群了如指掌。人们也十分买账。"

布朗在改变品牌文化的同时，也帮助他们改善与顾客沟通的方式。让品牌做到诚实很难，这需要改变整个企业文化。布朗说："获取消费者信任的唯一方式就是把大门敞开。这意味着向人们展示所有的优缺点。通过展现你的脆弱面来展现诚实是需要极大的勇气的。"

为什么这么做是勇敢的？为什么品牌对此如此恐惧呢？布朗相信这些问题需要回溯到品牌在社交媒体上的经历。"当品牌做了错事的时候，人们在社交媒体上的指责是非常可怕的。所以，品牌在把事情搞砸了的时候就想从公众的视线中消失。我们现在的环境是：人们要求诚实，却对难免的错误零容忍。他们对品牌的要求也是如此。"

布朗相信在以宗教为主要核心的部落文化削减的背景下，人们开始形成以对同一件事情拥有热情的新部落。布朗说："人们几乎会为审核事情而感到愤怒。理性探讨的机会已经消失了，取而代之的是部落政治。"

所以，品牌对此的反应通常是修建壁垒。但是，布朗表示，品牌需要展示他们脆弱的、人性化的那一面。"能够消融这些隔阂的方法就是展现人性的脆弱面。"

大多数情况下，与攻击一个试图隐藏真相的品牌相比，人们更加不会去攻击想要提供帮助的人。这意味着承担责任。如果组织内部出现了欺诈行为，必须有人为之负责。如果企业逃避责任，就会导致信任的缺失。

布朗介绍，让品牌文化变得更加开放有三个主要的步骤：

1. 展示脆弱面
2. 做到诚实
3. 负起责任

在危机中讲述真相

在杰森·维尼斯的书《上帝创造了什么：汽车、电脑和基督教的危机公关》中，他讲述了自己在克莱斯勒做公关第一周遇到的一件事情。克莱斯勒的一名律师来到他的办公室，并给了他道奇产品召回的媒体稿件草稿让他修改。这份稿件写着："如果汽车没有维修，就有可能引发热性事件。"维尼斯问什么叫"热性事件"。律师解释："就是汽车可能会着火。"

这样的文字游戏似乎很滑稽。但是当品牌处在危机中时，这却让他们感到被保护，似乎没有暴露真相就会更加安全。毕竟，各大品牌总是在营销用词上绞尽脑汁，这通常预示着不确定的心理。几年前，我与当时的生意合伙人一起到一家大型科技公司开会。我们研究了他们的网站以及所有市场营销手册，却仍然不知道这家企业到底是做什么的。所以，在会议上我问道："你们给客户带来什么服务呢？"没有人能够回答我。我听到了概念性的词语，比如"解决方式""项目管理""创新""咨询"，但是却没有任何实质性的内容。如果我的目标是帮助他们找到与公众沟通的方式，我需要了解这家公司到底是做什么的。但当我问道"你能给我举几个例子吗"时，却得到了"这你应该去问市场营销部门"这样的答案。

使用上述模棱两可的语言会使公司看起来非常不可信。因为人们总是得不到真实的、具体的信息。在危机中，这也是十分具有破坏性的。含糊其辞（试图通过讲述一个不同的事实来迷惑大众）也会影响公司的声誉，比如，"没有证据表明该产品和癌症之间有关联"这一说法虽然可能是真的，但是和"该产品不会致癌"相比，意思还是相当不一样的。

然而，在社交媒体的世界里，谎言、事实隐瞒是会被发现和曝光的。在第一章里，心理学家吉尔·格林告诉我："在意这些事的人们会锱铢必较。"他们会深挖真相，并且会曝光谎言。

在危机中，品牌面临着严峻的审视。布朗建议："不要着急。给这场危机一些时间，让它得以展开。"这是一个好的建议。尽管快速告诉公众你所掌握的信息很重要，但是你必须要保证这些是准确的信息。在危机中，你一旦过早地向公众表达了一些错误的观点，就无法修正了。"

但这不意味着隐瞒。我看到太多公司的问题是，他们推迟发表声明的时间，然后就完全没有了任何表示。事实真相可能很可怕，人们也试图竭

第十二章 | 讲述真相的重要性以及其在危机和信誉管理中的角色

尽全力不到最后一刻绝不吐露真相。但是，永远不要撒谎。在获取事实真相后尽快公之于众可以为你免除许多后顾之忧，这也会让你对事件发展有所掌控，人们会因此将你视作这场危机中可信的信息来源。如果你不讲事实，自然会有人来揭露你，而他们可不一定是支持你的人。

最重要的是，要采取行动纠正错误。没有一场重大危机仅仅通过良好的公众沟通就可以解决。做正确的事，并且告诉人们你在做什么。如果你经历了信息被盗，你可以通过什么措施来防止它再次发生？如果你的经营场地受到了威胁，你做了什么来保证员工的安全？正如布朗所说的："保持完全的透明，经常告诉大家你在干什么。如果网络上开始流传你做错事情的视频，那么就将你倾尽全力改正错误的视频也上传到网上让大家看到。"

行为总结：

1. 营造讲述事实的企业文化。从最高层做起，每一个部门的沟通都应该体现这样的文化。

2. 建立一个鼓励员工讨论担忧的机制，并且认真倾听他们的心声。在采取行动时，要迅速和透明。也许做起来很难，但却会解决后顾之忧。

3. 明确责任。分工明确会帮助你快速处理危机源头，并且及时纠正错误。

4. 你的语气与语言应该简单明了且易于理解。不要在危机中（或是任何时候）使用繁冗的声明。解释发生了什么、原因以及你在为解决问题做什么努力。

5. 在危机中，不要总是谈论你在做正确的事情，要让人们看到你的行动。

第十三章
抵抗攻击

团队沟通中韧性的重要性

> 如果处于巨大压力之中，你需要依赖其他人来完成工作。你必须相信周围的人。在此情况下你不再是唯一的领导者或者决策者。
>
> 布莱恩·伍德士官长

向军队学习韧性

士官长布莱恩·伍德曾是英国陆军威尔士王室皇家军团的一名士兵。2004年伊拉克战争期间，年仅23岁的他因丹尼男孩之战而闻名，并凭借他的骁勇善战获得了军事十字勋章，这是英国颁给英勇士兵的最高荣誉之一。

我在办公室外的咖啡馆见到伍德，这纯粹是一个偶然。他于2014年退伍，现在经营一家面向各大公司的领导力工作坊。这些巴尔干半岛、伊拉克、阿富汗等地的公司想从他16年的军队生涯中学习到一些事情（他刚满17岁就入伍了）。他在自己的网站上说："没有比激励人们达到命悬一线的状态更好的领导力挑战了。"他同意和我分享人生经历如何教会他坚韧，以及坚韧对于强大团队的重要性。

如果有人了解韧性，那么他一定是伍德。在英军虐囚事件被曝光后，授予他军事十字勋章的那场战斗也受到了漫长的法律追究。英国公共利益律师事务所，声称战斗后有许多囚犯遭受酷刑和谋杀。2013年，公益律师撤回了指控。2014年的公开调查发现，关于谋杀和酷刑的指控是"蓄意的谎言"。（索赔中心的律师菲尔·希纳被判处九项不诚实行事，并且被罢免。）

这对伍德来说是一段艰难时光。丹尼男孩之战后他饱受创伤后应激障碍的折磨，这次问询看上去像一场背叛。用他的话说，他必须"深入挖掘"才能渡过难关。他说，有时候，考验自己的恢复力就意味着要去一些黑暗的地方。现在，他花了很多时间在工作场所争取更好的精神健康支持，他相信在这方面军队比大多数公司都要领先很多。

军队就是归属。在年轻时理解它的价值是一件非常重要的事。无论你是谁，是什么等级，什么出身，你都是这个团体中的一部分。你们是一个紧密联系的团队，你们有共同的价值观以及共同的目标。他说，目标对于每一个人都很重要，不管它是什么。可以是养一只狗，做一项运动，回归家庭或是工作。你必须有一个目标。否则……他不需要继续说下去。离开军队是一件困难的事情，我从自己的家人那里认识到这一点——我的父亲和两个哥哥都是士兵。你离开了一个拥有强烈目标和价值的地方，重新在现实生活中寻到这种归属感是很煎熬的。我认识的许多人都把和他们一起服兵役的士兵当做家人。我意识到伍德的目的是通过讲述他的故事，呼唤人们理解以及支持遭受精神健康折磨的人。无论他们的处境如何，都应同精神健康问题作斗争。他仍然在突破自己的界限和极限，离开军队后，他在短短14天内从华盛顿特区骑行到加利福尼亚州的圣塔莫尼卡码头，全程3000英里，他与一群身体或精神上受伤的人一起提高人们精神健康意识并募集善款。（我告诉他，我每天早晨都会骑行30分钟，他非常真诚地说，定期做一件事情是特别好的。)

伍德是一个出色的人。我很难为情地问他集体生活中坚韧的重要性，因为对他而言坚韧是关乎生与死的。但是不论是战争前、战争中还是战争后，他对公司如何支持员工以及坚韧对于员工精神健康的重要性依然充满热情。

伍德说，当你身处一个团队，如果一件事出错了，你会收到周围人的信号。他说："如果你通常真的很擅长某件事，但是你的标准有所下滑，则可能表明还有其他事情正在发生。""最接近您的人会首先看到这一点。"那么，韧性是团队合作的事情吗？"当团队整体运作时，你会变得更强大。你身后有强大的力量。在危险情况下，你不是独自一人。如果你每天都受到攻击，无法走出创伤，你可以尝试加入一个团队来渡过难关。"

"我发现与我认识的一个小伙子有一段艰难的成长过程。他从一家孤儿院到另一家孤儿院。他没有家人，甚至没有近亲。他没有来自家人的消息、邮件、包裹。在战争时，收到邮件对于保持士气非常重要。它让你继续前进。他需要照顾。我对他说，军队就是你的家。我用卫星电话给我妻子打电话，然后我请她为他整理一个包裹。那产生了惊人的效果。"

这让我非常感兴趣。我认为在企业生活中，你不愿意询问别人的个人生活，因为担心打扰他人或被视为具有歧视性。我有一个朋友，对面试官问她是否结婚这个问题感到震惊。伍德看起来很惊讶。"但是，如果您不认识某人，您将不会知道他们会对特定情况做出怎样的反应，"他说，"当然，你必须包容一切。你无法根据这些信息进行区分。了解一个人生命中的重大事件十分重要。例如，如果有人刚生了孩子，他可能会睡眠不足，他可能需要一段时间的支持。你了解是什么使他忙乱。这并不意味着他们无法完成工作。"

这与约翰·布朗的《玻璃壁橱》相呼应。布朗——正式的称谓是马丁利的布朗勋爵——从1995年至2007年担任BP首席执行官,并因将公司转变为世界领军企业而倍受赞誉。他在商业伙伴和公众面前隐瞒了自己的性取向,因为他认为这会损害他的职业生涯。前合伙人于2007年将其的故事卖给《每日邮报》之后,他十分不悦,这最终导致布朗从BP辞职。他认为为了避免对自己的工作同事和媒体隐瞒私生活,他必须过双重生活,这最终却适得其反。同事们无法接近他,他孤身一人无法对周围的人敞开心扉,这导致周围人也无法向他敞开怀抱。也许我们应该在工作场所中更多而不是更少地公开自己的个人生活。

布莱恩·伍德说:"在巨大的压力下,你必须能够依靠人们来完成工作,你必须信任周围的人。你必须知道每个人的工作方式,并相信他们能完成工作。有时,这意味着放权。如果你物色一个人加入团队,但是你不信任他们所做的工作,那将是糟糕的管理。如果你不信任他们,你将最终对他们进行微观管理。如果这样做,没有人会毛遂自荐。他们只是开始工作,而不会超越自己。这可能在危机情况下带来灾难。"

共同价值观的重要性

听过伍德对于部队价值观的理解以及价值观得不到满足的状况,我开始考虑自己的公司价值观,思考它们是否足够具有包容性。我认为这是每个公司现在都应该考虑的事情。我们曾经拥有"积极的"价值观,但是身处一个员工精神健康饱受困扰的行业(2017年《公共关系周刊》显示近60%的公关专业人士受到精神困扰),与伍德进行交谈之后,我们将其更改为"试图寻找积极的方面"。

伍德认为"互相支持"是意见公司强有力的价值。我认为这是一个很棒的想法。他说这就是军队的长处，无论身体上还是精神上，你从来不是一个人，从来不会孤立无援。

几乎每个公司都有目标、任务和价值观。公司里的每个人都能一字一句地说出它们并且遵从它们。但是在危机状况下，你需要快速做出决定。如果你了解公司的价值观，并且知道如何将其运用于现实中，你就可以做得很好。你有自信做出正确的决定。你有伍德所说的"勇气"。所以当你制定公司价值观时，请思考它们在危机时刻看起来会怎样（听起来怎样）。这是检验公司价值观的一个强有力的方法。

复原计划

复原是"连续和风险管理"

迪·杨是英国政府联合部队司令部的业务复原经理，该组织成立于2012年，负责组织和管理英国三大国防军的军事能力（例如培训和教育，情报，网络和医疗服务）——陆军、皇家海军和皇家空军。杨的职责之一是制定政策和流程以增强弹性，所有这些都有助于确保国家的重要资产得到保护。

她将弹性定义为"连续和风险管理"。这是很重要的：许多组织把韧性和企业连续性搞混。它们是不同的，韧性帮助你的墙抵御猛击，连续性是你在墙倒塌之后做了什么。"企业连续性在经历危机时会起作用，它是一种反应。"她对我说道。

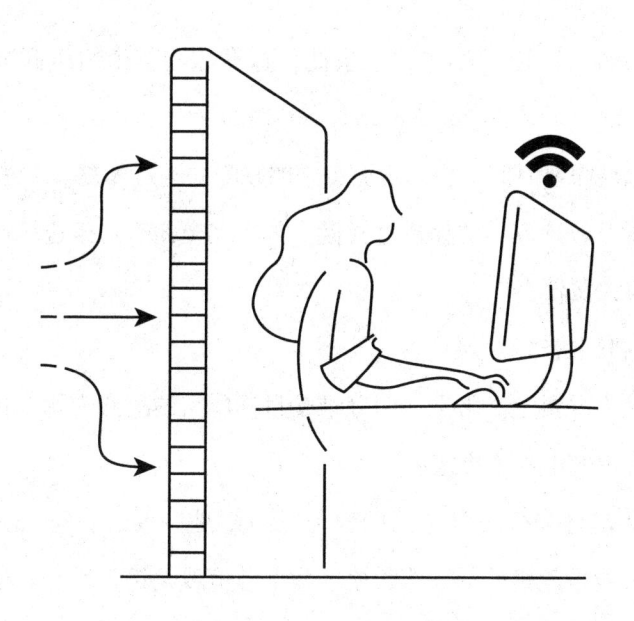

图4 企业连续性是遭受攻击后继续运行

图5 韧性是抵御攻击

"韧性能够抵御危机,这与计划有关。"她赞同布莱恩·伍德对我所说的将所有业务整合在一起的说法。"韧性对所有领域都很重要——基建、人力资源、金融、第三方承包商，这意味着整个组织都准备好继续前进。"

建立韧性需要时间，去发现业务中的缺陷并进行修复。杨将其描述为"加强防御"。她说，"如果这样做，你将完全知道对于连续性计划的一部分，你应该做什么。"

如何回归常态

第一，你需要定义常态，明确谁是目标所需的核心人物。杨说，"你不能在危机中做出这个决定。"

军队的常态和公司是不同的，但是原则是一致的。对于一个公司来说，常态可能是危机前的股票价格、净推荐值或是销售水平。还有其他关于常态的指标：投诉率下、满意度、回头率降到一定水平，对每个顾客的营利或者员工回报也大幅下降。

韧性有三个主要部分：

1.物理韧性	你在建造韧性吗？它可以抵御一场飓风或是洪水吗？如果进不去办公室，你的员工要在哪里工作？你的团队将如何运转
2.企业韧性	基于过去所发生的以及你对于未来的预测，你准备好改变了吗？举个例子，你将如何应对气候变化
3.人事韧性	你的团队能够应对你所预测的危机吗？他们将如何应对？这不是董事会的事情，而是关乎整个公司的

在工作中关注精神健康

杨说，管理组织内部的压力对于建立韧性至关重要，这不仅仅是指在危机期间。建立组织的韧性意味着要为其成员建立个人的韧性，军队正在研究诸如为某些人员提供灵活工作的领域（显然不是为现役人员提供工作），这让我感到惊讶。但是，除非我们处于战争状态，否则为什么不呢？杨说："我们将寻求各种方法来应对现役人员的压力。"如果军队可以做到，那么商业组织当然也可以。这种"灵活性"可能会给某人一些空间从创伤或压力中恢复，或将其保持在最佳状态，为他们应对危机做更好的准备。

杨关注的是整体福祉，并为人们提供生活各个领域所需的支持。其中一个要素是"空白"训练，该训练旨在为人们提供一个安全的空间，人们可以与他人谈论任何事情，无论是工作问题还是家庭问题，并帮助他们提出所需的解决方案。这个过程使他们能够管理自己的心理健康并减轻焦虑。杨赞同布莱恩·伍德告诉我的观点：韧性意味着某人对世界正在发生的事情有一个全面的了解，而不仅仅是其中的一小部分。在军队中，家庭关爱的重要性得到了广泛认可，同样，我认为企业可以从中学习。随着我们的工作和家庭生活之间的联系越来越紧密，我们必须支持我们的团队，不仅帮助他们分担工作压力，还要分担生活压力。如果你的工作需要定期出差，那将对你的家庭生活产生影响，对于雇主而言，认识到这一点并为你提供管理这种影响的实际支持将很有帮助。

军队还意识到，人不能无限期地承受高压，休假是在服役后进行的最好的调整方式。在企业危机中，你可以应用相同的原则。经历了一段时间的压力后，让某人休息一下以恢复健康。他们会因此而强大起来。

布莱恩·伍德认为精神健康是一个企业的核心，应该是高级领导者的首要权利。"没有人真正看到工作带来的压力，但它又每时每刻都存在着，甚至可能是压倒性的。如果你需要帮助，应该去哪里？'每个组织都应该有适当的支撑结构。那可能是人们可以去的一个切实存在的地方，或者是有一种敞开心扉交流的文化。在学校，我们会为孩子们的心理健康提供支持，但是我们忘了给进入工作场所的年轻人提供支持。"

所有这一切都需要经营观念的转变，以及企业愿意为其员工的心理健康负责。建立支持文化意味着要清楚员工进入企业后如何表现。如果你身处一种压力不断、争相表现和虚张声势的文化中，那么企业的韧性将被慢慢破坏。但是，正如伍德所说，如果您的整个团队都在共同努力以实现一个目标，就存在一种信任文化，即每个人都会不懈努力、相互支持，做好自己的工作，那么你就是在有效地建立企业韧性，整体的力量大于部分的总和。

建立韧性计划，采取行动，进行沟通，衡量价值

韧性是你可以并且应该记录和计划的东西。杨说："这是一系列过程。"她建议每三年更新韧性计划，或者在业务周期中做出有意义的更新，（太频繁地更新它意味着将一事无成。）包括针对以上三个方面的韧性培训（物理，企业和人事）的活动计划。每个部分都存在哪些威胁？为了不被这些威胁压倒，你可以采取什么行动？这可能包括企业文化、安全守则、监控、社交倾听、沟通实践（包括社交媒体）、上岗培训、精神健康管理、福利计划和激励措施。

如果没人知道，伟大的计划和想法就一无是处。"大肆宣传！"杨说道，"把你的计划放在内联网上，进行定期培训，然后进行讨论。重要的是，将它们传达给您的承包商——你的韧性和你最薄弱的一环一样。"

行动总结：建立韧性

1. 有一个企业中所有人都为之努力的清晰目标。
2. 传达有包容性且清晰的价值观。
3. 建立韧性文化：信任，合作，沟通。

4. 为团队提供精神健康和身体健康方面的支持。

5. 在三个领域建立韧性计划：物理，企业，人事。

6. 有可测量的SMART目标。

7. 定期演练计划（第18章会深入探讨）。

第三部分
PART THREE

构建危机公关的战略与应对方式

第十四章
大脑对危机的反应以及训练团队处理危机

> 我们的工作之一是能够处理任何发生的事,无论是多么出乎意料。
>
> 机长切斯利·萨伦伯格

2009年1月一个寒冷的下午,机长切斯利·萨伦伯格(Chesley Sullenberger)(也被叫为萨利 Sully)安全地将美国航空公司1549号航班降落在哈德逊河上,拯救了所有乘客和机组人员,共计155人。从纽约拉瓜迪亚机场(LaGuardia Airport)到北卡罗来纳州夏洛特的例行飞行中空客A320遭到一群鹅的袭击,客机的双引擎都失去了动力,实际上,它已成为滑翔机。机长萨伦伯格必须做出一个快速而关键的决定:冒风险将飞机掉头,回拉瓜迪亚,还是把飞机滑到新泽西州泰特波罗(Teterboo)的一个小型飞机场,又或者找其他地方着陆。就像萨伦伯格后来说的,选择错误会是灾难性的。他选择在哈德逊河"弃"机(航空术语,意为在水上着陆),并成功将飞机笔直、缓慢地降落,以免飞机解体。航拍结果显示,尽管萨伦伯格和他的机组人员也很害怕,但丰富的空中工作经验让他们仍然保持镇定。萨伦伯格向空中交通管制传讯,"我们最后可能在哈德逊河着陆",后来更肯定地说道,"我们将在哈德逊河着落"。事后,萨伦伯格称自己对此也很震惊,居然可以在着陆过程中"高度集中"。在之后几天,许多机组人员出现各种不适,如睡眠不足、记忆闪回、创伤后遗症。机组成员报告称,大多数机舱前部乘客较为镇定(机舱后部最先撞击到水面,受到的冲击更大,所以更加混乱)。在飞机着陆前,有人做出防撞击姿势,有人打电话,还有人静默不语。

萨伦伯格曾是美国空军飞行员和航空教练,也是业内最有经验的商业飞行员之一。他的背景证明,在飞行方面,不仅是动力飞机,在滑翔机方面,他同样拥有丰富的经验。在他不得不将1549航班滑入哈德逊河时,他的经验起到了关键作用。像所有航空公司的飞行员一样,他也接受了定期的飞行训练、模拟器练习和课堂训练,以充分应对突发事件。虽然无法把飞行员训练得面面俱到,但可以给他们提供决策工具,传授不同情况的经验教训。萨伦伯格的经验和训练在那天挽救了155个生命。他告诉哥伦比亚广播公司的新闻记者:"关于如何看待这件事,应该是42年来,我一直向自己的经验银行里存放定期、小额经验款,也就是教育和培训。1月15日,经验银行里余额充足,可以大额提款。"

飞行员培训中就包括发动机故障,航空公司定期为飞行员提供模拟器培训。但在2016年《深夜秀》节目中,萨伦伯格接受采访时表示,他从未进行过水上着陆的模拟训练,因为"航程模拟器没有此类编程"。双引擎故障、弃机都不是期望飞行员应对的事情,更不用说成功处理了。但在那个寒冷的下午,萨伦伯格的训练、才能和经验开始发挥作用。他将理论付诸实践:"我们必须深入研究,改编我们知道的知识,应用它解决以前从未见过的问题。"

大脑对危机的反应——战斗或逃跑

当我们面临威胁时，我们会做以下三件事之一：战斗、逃跑或僵住不动。这三件事都可以救我们。发现威胁时，在我们意识到要真正危险之前，眼睛或耳朵会立即向大脑（杏仁核）发送信号。杏仁核会向大脑控制室下的丘脑发出求救信息，激活身体反应：身体内肾上腺素分泌增加，心率、血压上升，肌肉血流量增加，瞳孔扩张，呼吸道打开，大脑输氧量加大，感官也会更加敏锐。我们会释放血糖，让自己精力充沛。如果威胁仍然存在，我们还会释放皮质醇保持警觉。大脑正在做从远古祖先那儿学到的东西，它正在为我们的身体做准备，去抵御捕食者，或逃跑。大脑反应速度极快，而无需考虑我们在做什么（通常，人们不会记得已发生事情的确切细节）。无需我们做出有意识的决定，大脑就可以开始工作，我应向左跳还是向右跳？这是本能，或是一系列复杂的化学反应。

如果无法抵御威胁，也无法逃避，我们会采取下一个最优措施来保护自己，即僵住不动。僵住不动，捕食者可能就看不到我们。最有可能活下去的方法就是装死，或者屏住呼吸。在遭受严重创伤之后，我们的心率、血压会下降，身体会释放内啡肽，一种止痛药。如果别无选择，必须承受的情况下，大脑会提供应对创伤的保护。在事件发生期间或之后，这种脱节可能意味着我们无法听到或记住发生了什么或被告知了什么。我们的大脑一片空白，或感到麻木，很难做出决定。

面对眼前的威胁，我们没有时间启动理性的脑系统，理性的脑系统会仔细考虑某项决定和某项操作的所有潜在后果。所有这一切都是为了帮助我们在短期内活下去。但是，当你需要运用理性思维来处理有长期影响的事物时，比如公司声誉，这种本能就没什么用了。危机期间，你希望身边的团队可以保持冷静、思路清晰，能做出决定。你不想要会战斗、逃跑或僵住不动的人。但当你理解大脑是如何支配身体行动后，就会发现，你的希望充满挑战。

　　第十章中，我们了解到团队韧性的重要性。但是，以我的经验来看，即使有能力进行韧性训练，也很少包括危机沟通团队。但在危机期间，危机沟通团队承受着持续的极端压力，他们要在社交媒体上与公众、记者、分析师、投资者、利益相关者打交道。某种程度来说，应该掌握处理这种情况的韧性。

　　当我给从未进行过危机演习的品牌危机沟通团队进行演习时，我观察在有压力的情况下，团队会变得疲劳、易怒，丧失敏锐性。有一个清楚的模式，在练习的前一两个小时中，团队成员共同努力，彼此沟通良好。他们会很警惕，随时准备应对危机给他们带来的麻烦。但是到了第三个小时，问题开始出现。团队成员的精力正在衰退，他们可能没有时间休息，或缺乏水分。他们因为坐得太久，身体僵硬。小问题开始出现，比如写错字，出现小摩擦或缺失流程。半天后，他们对彼此之间，以及与他们交流的人（包括记者、大众、政治家、利益相关者）都感到烦躁。五六个小时后，他们怀疑自己的能力，发现更难做决策。他们信息混乱，开始失去控制危机的能力。随着压力的增加，他们的应对能力可能如下所示：

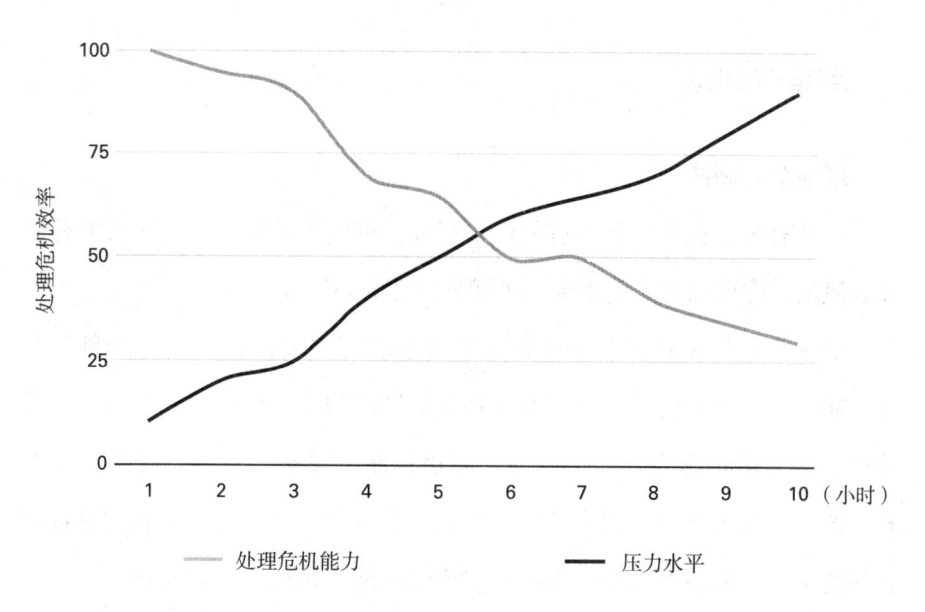

图6 压力水平上升与应对危机能力之间的关系

但是，如果你每隔四个小时更换一次团队，团队应对危机能力减弱时的情况如下图：

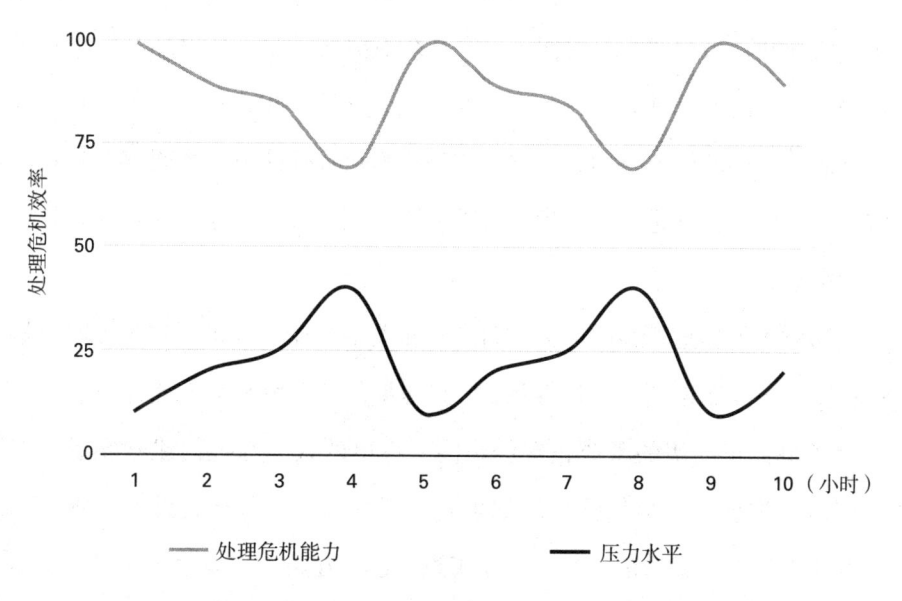

图7 更换团队可以提高危机中的处理效率

准备好团队

增强个人韧性

韧性有时被视为一种固有的性格特征，有些人天生就比其他人更有韧性。但是，你可以为人们提供一种增强韧性的环境。

瑞秋·布斯罗伊德是一个沟通和绩效教练，有法律、商业和科学背景。30岁时，她是伦敦一家全球20强金融城律师事务所的资深合伙人，是伦敦办公室最资深女性。37岁时，她被诊断出患有严重的心脏病，她年轻、苗条、饮食健康，没有任何已知的危险因素，也不符合心脏病患者的任何特征。患病诊断改变了布斯罗伊德的生活。她改变了职业规划，成为了英国心脏基金会大使。布斯罗伊德现在运营自己的培训和教练公司，与高管和高级团队合作，解决沟通、绩效和发展等问题，包括韧性。

布斯罗伊德认为，她的心脏病源于工作压力导致的社会孤立处境。（众所周知，公司律师长时间工作，很少有时间从事工作以外的健康社交活动。）她的这一理论得到两项主要研究的支持。2018年，《美国心脏协会杂志》发表的研究表明，孤立与心脏病死亡或住院风险之间存在联系。2016年，约克大学进行的一项观察性研究表明，社会孤立与孤独与心脏病之间存在联系。

这对于处理危机情况的人而言是很重要的。受到攻击，你会很容易陷入孤立状态。布斯罗伊德告诉我，"最重要的事情就是与他人保持联系，找到了解你正经历的事或正在经历同一件事的人，与他们建立联系。有了团队，你会变的更加强大。如果陷入孤立状态，你的韧性会下降。你承受压力的能力就会消失。"（布莱恩·伍德在第十三章中与我谈论了他的韧性经历，他强调，这些联系就是军队友谊长存的原因。那些一起经历过大事的人之间，会有很紧密联系。）布斯罗伊德强调，这里存在一个悖论："你的直觉告诉你要独自前进，感到孤立和继续前进是正确的。"对此，她表示，韧性训练需要改变既定的思维模式，提供克服无用本能的方法。

企业可以改变自身文化，培训和支持其团队变得更具韧性。布特罗伊德谈到，首要关注"人性"，她认为企业往往不会真正思考这个问题。从商业的角度来看，谁是理想的工人？是永远不会生病、没有家庭问题、子女从不生病、从不迟到早退的人，还是提前计划好假期或请假日的人？这其中的人性在哪里？

因此，企业不应围绕不存在的理想工人进行计划，而应考虑略微混乱的现实。"这是商业上的最大变化，"布特罗伊德说，"我们开始接受我们是人，存在缺点。"

关注人性其中的一部分，是建立支持心理健康的体系。布特罗伊德说："建立一个流程，帮助识别某人即将脱离轨道的迹象。如果有人提前发火，失去控制，其他人就会感到压力骤增，他们的大脑会快速产生化学反应，改变他们的行为方式。"

我在自己机构中的工作流程（在接受布特罗伊德培训之后），是每天早上与团队进行两分钟的心理健康检查电话。我们谈论的是大脑化学，而不是心理健康、压力或反应。我们发现，这种方式让人们可以公开谈论自己的感受，当我们彼此分享时，我们感到更加自由，或者更少评判。这对我很有用，因为如果一个人在承受压力，而另一个人准备好接纳整个世界，我们就可以发挥人们的优势，避免出现潜在问题。我们还发现可能表明团队中长期问题的趋势，这鼓励我们所有人开放、互相支持，重视自己的心理健康。我相信，作为一个团队，我们会运作得更好。

布特罗伊德鼓励企业在培训中创造正念。人们需要顶部空间，不能长时间不休息。改变周遭环境，到外面走走，停下来，呼吸一下新鲜空气。从根本上说，这是养育精神，也是心理健康所需要的。现在，正念已得到科学证明，它常被描述为，"重启"大脑释放压力的化学物质。她表示，沉思过度也可能有害，让我们无法专注于手头任务，"好的韧性培训会给你提供技巧，避免产生压力的灾难性思想。如果你在考虑最坏的情况，这说明你生理上正处于最坏的情况。正念训练可以帮你解决这一问题，一次只专注于一件事。"

布特罗伊德建议给自己做一个韧性测试。"问问自己，我本周表现得怎么样？基于大脑中压力荷尔蒙超负荷的种种行为迹象（例如脾气异常急躁、短期记忆力减退、饮食不健康），你可以做一个简单的个人检查表。自我治疗，不堆积压力。如果积压了，你会最终打破维持自己所需的关系，导致孤立和更多压力，这是不可磨灭的。"

布莱恩·伍德也建议在日程表中留下空白。他称这种空白为"雪茄时刻"，即你呼吸、重配、重组的时间。企业可以将这些时刻融入到他们的危机计划中，培训人们停下来、呼吸、思考、交谈，然后做出反应。"如果在战场上，你需要那个时间来分析正在发生的事情。在商业环境中，在发送电子邮件或消息之前先停一下，先喝杯咖啡，花10分钟想想你的回应，分析、思考、然后执行，"伍德说。

更长的团队休息时间可以增强韧性。危机过后，你需要休养生息，否则你会陷入长期倦怠的风险之中。伍德说，"鼓励人们放满假期，最好是两周一起，这会是个不错的恢复时间。轮换团队，给人们合适的休息时间，永远不要让任何人独自面对挑战。"伍德建议通过休息，加强团队凝聚力。足球运动员也是这样做的，他们一起休息，摆脱了日常压力，远离媒体。归来后焕然一新，活力满满，专注力高。

教会乐观

马丁·EP.塞利格曼（Martin EP Seligman）是宾夕法尼亚大学积极心理学中心主任，被誉为"积极心理学之父"，是宾夕法尼亚韧性项目团队成员之一，全球组织（包括美国陆军）都在用该项目。在20世纪60年代末和70年代初，马丁是他称为"习得性无助"实验团队的一员，该实验发现，一些人在经历了某种无法控制的轻度痛苦后，会接受它，不会试着改变他们的情况。实验让两组人都暴露在有很大噪音的环境中。第一组可以通过按下按钮来停止噪音，第二组无法停止，第三组为对照组，什么也没听到。后来，三个小组都暴露在涉及噪音的不同情况中，他们要消除噪音，只需要动动手或捂住耳朵，第一和第三小组做到了，第二组没有，他们从以前的实验中了解到，自己无法控制噪音，所以他们变被动了。但是他随后的研究表明，经历"不可避免冲击"的人中，约有三分之一不会变得无助，他发现这三分之一的人表现出十分乐观的态度。他开始教授乐观的特征，以此对抗习得性无助和提高韧性，这是宾夕法尼亚州计划的基础。

塞利格曼将提高韧性、促进成长的基本要素描述为PERMA：积极的情感、参与、关系、意义和成就。宾夕法尼亚州计划的重点是以下六个方面的培训：

1. 自我意识：关注思想、情绪、行为和心理反应。

2. 自我调节：能够根据预期结果改变思想、情绪、行为和生理机能。

3. 心理敏捷性：具有从多个角度观察情况、创造、灵活思考的能力。

4. 性格优势：利用自己最大的优势，真诚参与，克服挑战，创造与个人价值观相符的生活。

5. 人际关系：建立和维持牢固信任关系的能力。

6. 乐观：能够注意到积极的一面，积极期盼的能力，专注于你能控制的事情并采取有目的的行动。

这些都是每个企业可以用来增强团队韧性，让他们有能力应对危机，并从危机中恢复过来的能力。

> 根据塞利格曼的说法，韧性和成长的基础是：
> ·积极的情感
> ·参与
> ·关系
> ·意义
> ·成就

培养接班人

伍德谈到要培养接班人，为危机做准备。这是军队训练中的一个原则，要有人能完成你的工作。他说："如果你的上一任指挥官被枪杀，你需要能够接管他们的装备，完成他们的工作。在战斗情况下，这至关重要。"

尽管大多数企业不会遇到极端情况，但原则是合理的。要确保即使出于某种原因一名上级领导被开除，也不会留下无法填补的漏洞。培养接班人，你必须清楚上级的意图、整个团队的长远目标，以及团队成员的角色职责。当然，所有这些的关键是良好的沟通。伍德建议你咨询财务团队营销团队的工作，鼓励不同团队了解彼此的工作。"让所有人聚在一起，讨论更长远的目标和问题。他们会从更大格局了解自己的角色。"你甚至可以尝试影子实习，或在短时间内轮岗。

模拟训练

认知科学家兼巴纳德学院（Barnard College）校长希恩·莉亚·贝洛克（Sian Leah Beilock）说，我们在压力下"窒息"或表现不佳的原因之一是，我们过于关注自己正在做什么。她的研究团队与足球队一起工作，要求他们专注表现的一个细节，即练习时，他们哪一只脚接触球。他们必须把注意力集中在一个通常不自觉会做的细节上。结果就是，他们表现不佳，动作变慢了。

贝洛克说，除了我们的意识之外，还有一些事情最好放任自流。如果我们同时专注太多事情，就会失败。但是在压力下，我们试图控制本不应该控制的事情，然后就把事情搞得一团糟。太多控制，就像对足球运动员一样，最终只会导致失败。

在我们认为有压力之前，我们就会感到焦虑，而这种焦虑是会传染的。贝洛克的研究显示，当成年人担心数学时，身边的孩子也会跟着担心。（她发现，女孩和女人比男孩和男人更担心。）但是，当家长把数学变成有趣的活动，与孩子们一起解决问题时，孩子们的态度（和表现）会发生变化。所以说，学习环境至关重要。

贝洛克说，为了应对这种焦虑和压力，我们应该在将要表现的条件下进行练习。这有助于我们适应压力，学会相信自己的无意识表现力。

这就是模拟训练如此重要的原因。在危机模拟中，你的团队可以获得处理危机的第一手经验。虽然计划和流程都很棒，但没有什么能比得上处理真实情况的压力。正如萨伦伯格和其他航空公司飞行员所发现的那样，模拟培训创造了一个现实情境，可以帮助你为最坏的情况做好准备。这种压力可以测试危机计划，发现流程中的差错，找到团队的潜在突破点。

危机期间，我们需要保持冷静，清晰明确，创造性地解决问题。但我们的大脑对危机的反应使其变得具有挑战性。我们需要克服战斗或逃跑的本能。所以，一个实验性、逼真的模拟学习和训练模型是我们获得成功的最佳机会，而关键是要减少对失败可能性（摒弃"习得性无助"这一行为）和对威胁的看法。布斯罗伊德表示，你可以通过以下方式进行操作：

1. 联想学习。这是创造持久学习行为最有效的方法。学习与情感的结合创造了布斯罗伊德所说的"某种表观遗传锁"。情感是一种很好的记忆辅助工具：据说每个人都记得肯尼迪被枪杀的地点。细节变得难忘忘记，锁在了情感中。

2. 排练。神经可塑性是指在物理上反复练习某些步骤或过程时，大脑建立持久连接的能力。也就是说，如果我们练习某些事情，可以让大脑不会忘记。如果你要停车，尽管受到压力，还是会自动把它停好。

3. 建立团队信心。正如我们所见，团队合作至关重要。但是你需要对自己和周围的人有信心。团队排练可以增强团队凝聚力，增进彼此的信心。

我父亲二十多岁时是一名伞兵。当时的伞还是圆形檐篷，没有安全滑槽。他学会了完美跳伞或降落伞滚动，用肘部贴紧身体，膝盖弯曲并拢，向侧面翻滚，保护身体免受摔伤。60多年过去了，有一天他绊倒了，从房子后面的水泥台阶上摔了下来。大多数人会本能地伸手臂来缓冲，但爸爸不是这样做的，他下意识转换成"降落伞卷"，毫发无伤地落到地上。他数十年前培训中养成的条件反射发挥了作用。

摘要：培训团队应对危机

1. 为危机团队开发个人韧性训练模型，让他们有能力应对可能到来的危机。

2. 在危机期间建立"恢复"休息时间，轮换团队，准备在危机发生四个小时后更换团队。

3. 在团队中开发心理健康支持流程和意识。

4. 关注"人性"，记住不存在理想员工，相应地规划和培训员工。

5. 培养接班人，应对任何团队变更。

6. 不要对危机的每个部分进行微观管理。

7. 进行逼真危机模拟，"锁定"学习并克服"打架或逃跑"的本能。

第十五章
领导力在危机中的作用，以及危机团队的准备

> 你问，我们的目标是什么？我可以用一个词回答，那就是胜利；不惜一切代价取得胜利；尽管充满恐怖，但还是要取得胜利；无论道路多么艰辛，都要取得胜利，因为没有胜利就无法生存……我带着浮躁和希望承担我的任务。我相信我们的事业不会因人而遭受失败。此时，我觉得自己有权要求所有人为我提供帮助，"来吧，让我们一起团结一致"。
>
> 温斯顿·丘吉尔，下议院就任总理后第一场讲话，1901年5月13日

设定战略意图

领导者在危机中的作用，是做出艰难决定（往往没有全部事实依据），将混乱变得清晰，确定恢复路线，并为组织的其他部门树立标准和榜样。

但是，在此之前，领导者必须定义危机，即危机管理咨询公司Insignia董事总经理乔纳森·赫姆斯（Jonathan Hemus）所说的管理局势的"战略意图"。这是你要通过应对危机所采取行动时，最终想要实现的结果。

赫姆斯告诉我："在危机初期，领导者最常见的错误之一就是先开始做事，不先思考。"他认为"危机局势带来的压力说明，你正面临着职业生涯中最大的挑战。你处境混乱、不清楚。你采取行动的时间有限，信息匮乏，并且敏锐地意识到一切都处于威胁之中：你的工作、企业的未来、价值、声誉和员工。这可能是你一生中最重要的一天，也是决定你职业生涯的事件。因此，你在真正考虑清楚之前，就已经开始做事。"

我问赫姆斯，领导者应如何提出应对危机的战略意图。"想像你还有六个月的时间。你希望你的利益相关者对发生的事情说什么？用清晰、简单的句子写下你想要的结果。该意图将集中你和团队的努力，会使决策更加容易，因为你可以根据单一意图评估所有决策。你的团队将知道该做什么，因为他们知道了企业要实现的目标。"这将创建丘吉尔所说的"团结力量"，共同前进，实现一个目标。

例如，如果你是餐厅老板，餐厅因洪水关闭，那么你的战略意图可能是在中长期内保持客户的忠诚度和业务。竭尽所能，不要把它们输给街上另一家具有竞争力的餐厅。危机中的每项行动都旨在保留这些客户的忠诚度。要做到这一点，一种方法可能是尽快重新开餐厅，但这本身并不是战略目的。当然，这是一种实现手段，但意图是要忠于客户。这说明一旦餐厅重新营业，你就拥有了一个客户群。

根据战略意图行事

我问赫姆斯，2018年冲击曼乔明治三明治连锁店（Pret A Manger）的那场危机，其处理危机的战略意图是否明确。那场危机让曼乔明治三明治店成为头条新闻，据透露，一位名叫娜塔莎·埃德南·拉佩罗斯（Natasha

Ednan-Laperouse）的少年于2016年去世，此前她吃了装有芝麻的曼乔明治三明治面包后，出现了强烈不适反应。曼乔明治三明治没有任何过敏原警告，也并未违反法律。英国食品标签法规中有一个奇怪的规定，现场制作的食品不必携带过敏原信息。然后，又有另一起死亡案曝光，2017年12月，一名叫西莉亚·马什（Celia Marsh）的妇女，在吃了一种不含乳制品的曼乔明治三明治面包后晕倒身亡，死因是吃的面包含有牛奶蛋白。（曼乔明治三明治将过错归咎于无乳产品供应商CoYo，而CoYo表示其说法是没有根据的。）

这一事件过后，曼乔明治三明治改变了食品标签。但是令我感兴趣的是，为什么曼乔明治三明治做这件事花了将近两年时间，而这应该是在埃德南·拉佩鲁斯去世后就本应该立即做的事。必须要知道，一旦人们对西莉亚·马什的死进行了调查，之前的案件就会被旧事重提。

赫姆斯说："假装做了一些正确的事情，但是真正正确的事情却做得太晚了。我们不知道埃德南·拉佩鲁斯去世时，曼乔明治的战略意图是什么，但是它显然并没有导致公司改变其标签政策，防止另一场悲剧。" 如果曼乔明治三明治的战略意图是保护客户，防止任何这样的意外事件再次发生，它会更快地更改其标签政策。

曼乔明治三明治努力工作以树立正确行事的声誉，其价值（至少在此次危机之前）很明确。但该公司可能认为这是一次悲惨的偶然事件，不会再发生。赫姆斯说这是一个错误的认知。他说："当你遭受重大危机时，与任何时候相比，你更容易遭受第二次危机带来的伤害。如果你有做错事或被认为做错了事，出于种种错误原因，你就会成为目标。你必须采取所有可能的行动，并迅速采取措施，避免再次发生类似的事情。只要公司不暴露日久难消的缺点，企业不会倒闭。只要企业做出适当的回应，并给予同情，人们就会原谅它。"

当曼乔明治三明治的首席执行官克莱夫·施利（Clive Schlee）于8月写信给娜塔莎·埃德南·拉佩鲁斯的父母时，他们称这"太少了，太迟了"，女儿已经去世近一年了。

我和赫姆斯谈论到了梅林娱乐公司（Merlin Entertainments，拥有英国主题公园奥尔顿塔）的首席执行官尼克·瓦尼（Nick Varney）截然相反的反应。2015年，一个名为微笑者（Smiler）的过山车在奥尔顿塔（Alton Towers）坠毁，16人受伤，两名少女需要截肢。2016年，梅林因各家庭代表保罗·帕克斯顿（Paul Paxton）所说的"错误目录"，被罚款500万英镑。

在危机中，瓦尼亲自谈到了这个问题，深表同情和遗憾。他向受伤者道歉，并称对此事故负责，他还说："这是我们永远不会忘记的事，而且我们下定决心，确保悲剧不会再次发生。"显然，他没有等待调查结束就先说了对不起，要承担责任。

有些公司不对自己的行为负责是律师的错吗？赫姆斯说，领导者是否接受法律团队的建议，取决于领导者。危机中的领导者会收到各种专家的建议，包括律师、沟通专家、风险专家和会计师，他们会从不同的角度来提供建议，但决定只能由领导者来做。

在危机中做决定

马克·弗里茨（Mark Fritz）是一位关于领导力的作者、教练和演讲者。我第一次见到他是在参加一个关于领导力和问责制的研讨会。我问他领导者应如何迅速采取行动。

他说："关键是尽快制定选择方案。这会让领导者有信心，相信他们正在做出一个明智的决定。"我想了想，曼乔明治三明治面包店的领导层是否有选择，如果有的话，他们会是什么样子。正如弗里茨所说："好是比出来的。如果只给你一个选择，它看起来就是最优选。"

弗里茨认为最好的领导者会提出正确的问题，并把问题提到正确的水平，他称之"在正确的楼层进入正确的门"。优秀领导者将通过提问来控制谈话。他们将有能力更深入地探讨重要问题，并保持较高的对话水平，避免陷入不太重要的细节。

一旦你的团队成员各就各位，他们就需要努力创造一个可以清晰沟通的环境，以便做出正确的决策。弗里茨说，部分原因是要确保没有人推卸责任，浪费关键时间。"不要花太多时间在已发生的事上，而要花在要做的事情上。如果你有预先资格，你可以设立一个积极的基调。"他与我谈论保持明确重点的重要性——赫姆斯谈论的战略意图——不要让任何人分散你的注意力。"准备两三个你需要回答的问题。你必须知道要实现的目标是什么，这可以帮助你保持专注。"

在发生危机的情况下，正常的工作很容易脱轨，房间里可能会充满很多情绪。弗里茨建议与团队举行会议，以最大程度地保持专注。他建议领导人先发几条评论，然后询问最了解情况的人，以此来定好会议的基调。领导者的角色就像乐团指挥一样，如果想要演奏出色的音乐，就不要从房间里最差的成员开始。

学会应付压力

正如我们在第十三章和第十四章中看到的那样，在压力下，即使是最优秀的团队也会迅速出现问题。弗里茨说，领导者角色其中一个重要部分是提供合适的环境。"作为领导者，你必须强迫团队休息，注意他们的时间，提高你谈话的效率。人们在看到无收获谈话时会感到沮丧。严格守时。"

为了保持团队运作，领导者也必须发挥作用。这意味着要发现思考空间，有时甚至是停止思考。弗里茨说："安静的头脑能够听到自己的灵感和想法。学习如何使头脑安静下来。"

可以尝试冥想和呼吸运动等技巧，定期休息。他说："即使休息片刻，也可以帮助你倾听自己的直觉。"他谈到了"恢复习惯"（定期冥想或工作以外的业余爱好）对领导者的积极影响："总的来说，有自我意识和良好恢复习惯的领导者是那些可以在危机中保持观点的人。他们需要这个空间来打破我们所有人都有的循环，放大我们脑海中的问题。你需要采取行动，但除非你的大脑安静下来，否则无法实现。"他说，不停担心头脑中的问题造成的更多伤害，"危机在脑中重复出现，放大后，你可能会对自己的潜意识问错问题。顶级运动员可以在头脑中进入一个安静的地方，最简单的方法是深呼吸练习，它可以停止脑中的喋喋不休。"

如果领导者过去曾处理过危机，这也有帮助。"如果领导者掌握了处理冲突的技能，团队成员将更好地应对危机。"弗里茨说，"韧性不是急于提高的，而是随着时间扩展你的舒适区。"

倾听、同理心和行动

正如我们将在下一章中看到的那样，同理心可能是在危机演练中最被广泛提及的词。而且，尽管同理心非常显而易见，但却很难以一种可信赖的方式进行沟通。通常这是因为只有同理心没有意义，除非以行动为支持。在危机情况下，这种行动由领导人来决定。我问弗里茨关于同理心和领导力的问题：领导者天生具有同理心，还是可以学习？危机下，同理心可以有帮助吗，还是会妨碍做决策？他说："同理心不仅可以提高领导者的倾听能力，而且不仅可以听出单词的含义，还可以听出单词蕴含的意义和感觉。"同理心可以帮助你提出更好的问题。这会让人感觉你是他们那边的，理解他们正在经历什么。但归根到底，倾听会体现在你的行动上，体现在你与他人的互动中。倾听得越多，越要采取行动。如果你不想采取行动，就不要提出问题。"

弗里茨认为，就像任何领导技能一样，你可以学会更好地利用同理心。"有些人天生善解人意，而其他人则太有同理心。你需要同理心，但并不需要太多，达到你要承担领导者全部责任的地步即可。你不能承担团队的所有问题，否则会减慢你的速度。"弗里茨警告不要不采取行动地同情他人，"倾听很重要，但更要谨慎行事。你需要建立信誉和信任。如果你不能履行自己的承诺，信任就会消失。"

聆听比想像要难。弗里茨说："领导风格通常是一种控制方式，领导者通常不喜欢听过多现场人员传来的消息，这让他们头痛。他们喜欢对他们说'好的'的人交谈。"他建议道："我主张多听的方法。放下身段，低下头，与现场人员交谈。你这样做得越多，你的团队也会做同样的事情，并密切关注这些问题。"

我请教他一些跨国公司在危机中采取的方法，即一旦危机发生，就将控制权从本地团队撤回到中央团队。我理解这项原则，但不禁感到它缺乏信任。弗里茨的观点是，企业绩效仅与底层员工最密切，这意味着要赋予他们责任和问责，放弃责任会使他们脱离企业，对解决问题不感兴趣。弗里兹引用科林·鲍威尔（Colin Powell）的话："前线指挥官永远是对的，而后方正相反。除非你给我举出个特例。"毕竟，那些"现场"的人最接近客户的想法。他们应该负责向客户和市场提供一致的信息。

> **采取行动**
>
> - 向正确的人提出正确的问题。
> - 有同理心，适度倾听。
> - 商定共同的目标或结果。
> - 只关注现实。
> - 陈述计划，然后行动。
> - 看到团队正在行动，定期报告行动。
> - 不要自己承担一切，团队共同承担负责。
> - 跟进团队需要完成工作的内容和时间。
> - 定期对团队成员进行电话检查，对成员问责。

危机会强化领导力的价值观

词源学家说，危机一词有两个起源，一个是希腊词"krino"，意思是分开、评判或决定。（krites一词来自这个词，表示评判，kriterion则是判断的标准）。另一个希腊词是"krisis"，意味着决定性的时刻或转折点（在希腊新约中，审判日为hemera kriseos）。在英语中，我们谈论一些"达到危机点"的东西，如必须做出决定、采取行动的点。

这可以带来积极的结果吗？一个转折点往往有两个结果，一个是积极的，一个是消极的。

2018年，我给两个不同行业、两个截然不同的品牌举办了两次危机研讨会。两个品牌都通过零售商卖货给消费者，两家公司都有很多员工参加该研讨会，分为了不同的团队，而他们的方法也是天差地别。

两者（完全虚构的）情景是产品被召回，该产品有害于公众健康。最初，问题的根本原因尚不清楚，不知道是制造商、供应链的问题，还是消费者的误用。但是，对健康的影响是严重的，而且无论故障在哪里，产品都会造成重大损害。两者的不同回答充分说明了他们的高层领导风格。

A公司

A公司没有被告知在这种情况下，其价值观会如何发挥作用，也没有明确说明管理危机的战略意图。

一个小组负责人无视团队成员的担忧，命令通信团队明确声明该产品是安全的。他说，除非亲眼看到，否则他不会采取任何行动，召回产品的成本太高。团队对后续方案争议不下，但最终领导者还是一意孤行，得偿所愿。团队中的其他成员开始脱离团队，他们不相信自己在做正确的事情。危机升级，事实证明是自己的过错后，争论再次爆发，他们做了错误的决定，传播团队因言论不实而受到抨击，被认为是在躲避责备，大众抵触他们。

公司里另一个团队负责人的行为有所不同。她相信团队成员的观点，他们一致认为，最重要的事情是确保公共安全，之后再进行追责。不管短期成本如何，他们都将客户放在第一位，毕竟长期利益更为重要。尽管危机中进行的管理和沟通很困难，但与第一个团队相比，他们的路要平坦得多。

我感兴趣的是，同一公司的两组人，虽然在同一部门工作（尽管位于不同的地区），却持有相反的观点。团队不了解他们公司的价值观或行动方案，相反，他们依靠自己的直觉，反向而行。

B公司

B公司也分组来应对危机。我着迷地看着他们全都在工作，每个小组的领导者完全独立，却都采取了完全相同的立场：最重要的是确保安全。这场危机破坏了公司的价值观。每个小组都可以阐明这些价值观，更重要的是，知道如何将它们付诸实践。不需协商，他们知道公司对他们的期望。在危机中，小组成员始终如一地按照其价值观行事，尽管与受危机影响的人们沟通并不容易，但团队并没有给自己制造不必要的障碍。

所以，在危机中发挥领导作用很重要，在危机前强化价值观和文化也很重要。正如马克·弗里茨所说："领导者的角色是确定发展方向（战略意图）和内涵（价值观和文化）。在危机情况下，领导者会通过决定内涵内容、价值和文化的方法来增强意图。"他建议领导者必须提供有力的故事和例子以供参考，为如何行动提供指导："故事会让文字变得更生动形象。他们给出了如何表现一致性和真实的示例。每个人对信任的理解都不同，公平也是。但是，实例可以为人们提供一个工作基准。"

摘要：危机中的领导力

1. 定确定危机的战略意图，为决策和沟通建立框架。

2. 请记住，一旦遇到危机，就意味着还会有第二次危机。

3. 创建正确的环境，做出正确的决策。举行会议，定下基调。召集适合的团队成员，保持高水平对话，不要让任何人破坏讨论。

4. 做决定之前，尽可能纵观全局。就像拼图一样，如果你可以看到80%的全貌，就可以填补剩下的空白。

5. 做决定之前，静心思考。休息，养成良好的恢复习惯，提高韧性。

6. 倾听（对正确的人）并表现同理心。不要承担团队的所有负担，这会减慢你的速度。
7. 依据听到的声音采取行动，并就该行动定期报告，这会建立信任。
8. "前线指挥官永远是对的，后方是错的，除非给出特例。"（科林·鲍威尔）
9. 将危机视为强化公司价值观和领导力的机会。

第十六章
危机中表现人性化和同理心

何时有用？何时徒劳？

什么是同理心？

同理心是从他人的角度，理解其感受的能力，是危机沟通中最常用的词。几乎每个与我共事的危机团队，都在危机声明中谈到了同情的重要性。

这其实很难做到。不久前，我与一家大公司的通信团队合作，他们模拟了一场包括致死工业事故在内的危机，结果公众强烈抵制该公司。团队成员是一些最善良、最善解人意的人，但他们很难在沟通中表现出这一特质来。

作为模拟的一部分，他们的任务之一是告知公众，有五人因事故丧生。他们公司的企业价值观包括保护员工和公众安全的承诺。团队认为，他们的声明应加强体现这种价值观，对他们而言，重要的是，公众意识到他们并不会轻视这次事件。他们一致认为，该声明必须传达出与死亡有关的信息，以体现同理心，证明其企业价值，而且还要简短，可以在社交媒体上分享。

在起草许多草案，大量讨论之后，提议的声明内容为："我们非常遗憾，但不得不证实，（地点）事故，造成五人死亡，10人受伤。安全一直以来都是我们（公司名称）的第一要务。我们正在与受害者家属联系。"

阅读完这则声明，如果你是事故中受伤或丧生者的亲属，你会作何感想？首先，安全信息无关紧要。在这种情况下，安全措施无效。其次，公司听起来似乎并不理解人们对事故的感受，虽然它传达了同情（"我们非常遗憾"），但没有同理心。它不是创建连接，而是断开连接。

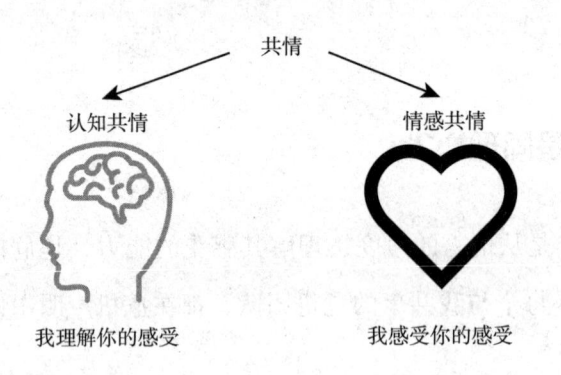

```
              共情
           ↙      ↘
       认知共情      情感共情
   我理解你的感受   我感受你的感受
```

广义上讲，共情有两种，情感共情和认知共情。情感共情是指根据他人经验来感受情感的能力。我们感觉好像自己也正在经历。这可能意味着我们共情了他们的感受，在他们感到焦虑时焦虑，甚至在他们哭泣时哭泣。认知共情不那么内在，但也意味着具备识别并理解某人正在经历什么的能力。在危机中，可以很好地利用认知共情这一点：它会帮你做正确的事情，用充满同理心和人性化的方式行事。正如小说《杀死一只知更鸟》中阿提库斯·芬奇所说的那样："从他人的角度考虑问题，渗透到皮肤里，直至深入骨髓，你才真正了解另一个人。"

培养同理心

特蕾莎·怀斯曼（Theresa Wiseman）是南安普敦大学教授，也是皇家马斯登NHS基金会信托基金癌症护理应用健康研究的临床教授。在她1996年的研究论文《同理心的概念分析》中，她研究了同理心在护理环境中的含义，并列出了四个定义属性：

- 以他人角度看世界；
- 理解他人当前的感受；
- 不挑剔别人；
- 沟通与理解。

这是发生危机时体现同理心的一个框架，可以用作语句的过滤器。你的沟通是否表明，你从受灾者的角度看到了危机，你理解了公众情绪的深度，而不是去评判这种感觉？如果是这样，那么就是有同理心。

但是，这里有一个困难因素。一个公司如何表现出它能理解情感？真正的同理心来自人类，而不是公司。这就是让你首席执行官参与危机沟通的另一个原因。正如我们在第十一章所讲的美国联合航空首席执行官奥斯卡·穆诺兹案例，他们可能需要帮助来沟通同理心。

还有另一个主要考虑因素。要表现出同理心，就必须具有同理心。正如危机专家乔纳森·赫姆斯（Jonathan Hemus）对我说的那样："在危机中，绝对重要的不仅是表达同情，实际上还要具备同理心。如果你不能从别人的角度看情况，那么你很可能无法处理该危机。具备同理心是成功处理危机的绝对基础之一。"

我问赫姆斯，那些不具备同理心的公司会怎样？他说："即使没有天生的同理心，也需要培养它，或者找可以从外部观察危机的人。在企业领导者中，我们看到了各种各样的性格类型和不同程度的同理心。领导者需要有动力和专注力，但这可能意味着他们的同理心不强。如果你的领导者缺乏同情心，但知道这很重要，那么他们需要一个值得信赖的顾问，顾问可以提供体现同理心的观点，领导听取他的意见。顾问可以告诉领导一些受灾家庭的真实情况的。相信开明的领导是会听的。"

有时候，培养同理心会使你变得脆弱，但是你必须知道别人的感受。同理心始于倾听，认同他人的处境，然后敞开心扉，感受他们不断流失的情绪。你必须放下自己内心一切包袱，避免产生评判。过多的情感共情可能会影响你做出理性决定的能力。但是，如果你没有同理心，就无法在危机中进行有效地沟通，而且你也不太可能做出表现出同理心的行动。

对有些人来说，培养同理心比另一些人更困难，但是仍然要学习培养它。这可能比你想像得更有必要：根据YouGov 2018年的一项调查表明，人们的同理心可能正在下降，英国51%人认为我们的同理心比一年前要少。如果这表明了一个更广泛的趋势，那么它会导致社会上出现更多分化。

有一个培养同理心的简单方法：练习"积极聆听"。真正聆听某人告诉你的感受，让别人全神贯注，不去打扰或评判他们。试着通过听别人的语气或看他们的面部表情来积极识别别人不言自明的情感，换位思考，增强同理心。对于处理危机的人来说，这是一项十分有用的技能。

表达同情并通过行动体现同理心

表达同情并通过行动体现同理心。我问赫姆斯，如果你的领导者没有同理心，那么应该让谁面对危机。他说："没有硬性规定，但有指导方针。如果你想向受害者表达关怀、同情和同理心，应该让与生俱来有同理

| 第十六章 | 危机中表现人性化和同理心 何时有用？何时徒劳？

心的人在媒体面前发言。如果你的首席执行官不是，那可以是其他人，具体取决于危机的严重程度。如果你出现了严重的服务中断，并且你的客户服务主管对此表示很同情，他可以与媒体交流。但是，如果你是一家铁路公司，一次重大事故之后发生了死亡事件，你作为首席执行官必须发言，那么顾问的工作就是帮助其表达同情，以正确的方式行事。"

2006年，两个小孩子，克里斯蒂安娜（Christianne）和罗伯·谢泼德（Robert Sheppard）在一次家庭度假时，在科孚岛一家旅馆内因锅炉故障死于一氧化碳中毒。他们的度假公司，托马斯·库克（Thomas Cook）因对此事的回应遭到严厉批评，他们的回应缺乏同情，也没有同理心。公司当时并没有向孩子的家人道歉，尽管接受了酒店老板300万英镑的赔偿，但最初拒绝帮助孩子家长支付律师费（该公司后来将其中的150万英镑捐赠给了联合国儿童基金会）。危机过后，该公司股价下跌了3%，成本远比道歉和承担责任多得多。

塞恩斯伯里公司（Sainsbury）前首席执行官贾斯汀·金（Justin King）在近十年后领导了对死亡事件的独立调查。他发现该公司有"保护成本，而不是最大限度提高客户体验"的倾向，而且"是法律而不是人文关怀"主导了整个事件。他的报告指出，尽管公司在过去的9年中一直与受害者的家人联系，但这些联系"有时不合时宜，而且常常有欠考虑"。公司的首席执行官彼得·范考瑟（Peter Fankhauser）在2015年对孩子的死亡调查中说道："我内心感到非常抱歉，对不起，但是没有必要道歉，因为托马斯·库克没有犯错。"该声明迫于法律压力，避免说抱歉。这是一个防御性的回应，根本就没有真正的人性或同情心。

弗朗西斯·英厄姆（Francis Ingham）在评论时说："当公司进入防御模式时，它们就不再是人类。

做一个人

罗德·卡特赖特（Rod Cartwright）是企业公关和危机沟通专家，与世界上一些规模很大的组织合作。他曾在凯楚姆和原型等机构中担任过全球和欧洲的领导职务。作为原型的欧洲、中东和非洲区域总监，他在"像人思考"方面发挥了领导作用。"像人思考"平台旨在帮助品牌思考、交流和行动，以找到人们的核心需求和价值观。最严重的危机是那些冲击人们核心价值观的危机。卡特赖特曾对我说过，最严重的危机涉及三个P：人（People），地球（Planet）和宠物（Pet），这都是我们所认为自己最亲近的事物。

我与他讨论在危机情况下，如何运用"像人思考"。他说："自2008年经济危机以来，世界已经发生了变化，变得更加复杂。在美国和欧洲，民粹主义崛起，让那些基本已被遗忘的边缘群体大失所望。人与人之间的信任处于历史最低。此外，在我们的生活领域中，还存在新技术的出现和人工智能的发展。这些变化可能正在促进人类发展，但随之而来的，是给许多人带来了疏远，这才是我们社会真正的威胁。人类不是可以完全由算法或机器处理的数据集。我们渴望与人建立联系，我们想和真实的人、和我们一样说话的人交流，否则，最终，我们会感到被孤立。"

卡特赖特认为，技术可以增加人类的交流，但并不能从根本上改变它。毕竟，交流早在Instagram之前就已经存在，而友谊的概念早于Facebook。技术使我们能够扩展和促进这些与他人之间的联系，机器人可能会取代其中一些交易或功能性通信，例如要求零售商跟踪订单，机器人可以更快、更高效地回应这些订单，但是它们不太可能成为我们的密友。尽管一些有趣的研究表明，由AI驱动的视觉虚拟助手可以镜像表达，以给

第十六章 危机中表现人性化和同理心 何时有用？何时徒劳？

人共情、平息困难的感觉，但这种就是另一个故事了。

技术增强了人类的体验，但是一些公司在沟通方式上却完全是机器人。这里有明显的讽刺意味，我们开发机器人尽可能地像人，而我们的人却越来越像机器人。他说："他们没有以人的方式进行交流。品牌应该将自己的所作所为投到一个棱镜，反思他们的想法、行动、话语以及这些行为如何满与人们的核心需求、愿望和价值观互动。这将决定你如何与人相处，让你变得更人性化、更亲切、更值得信赖。"最重要的是，他说，得体面："衡量你与人类基本品格相符的一切。"他引用了火星对唐纳德·特朗普（Donald Trump Jr）的绝妙回应，特朗普将难民比作彩虹糖（Skittle）："彩虹糖是糖，难民是人。"

"像人思考"鼓励企业遵循以下原则：

- 在你企业精神和战略中"像人思考"。你要解决什么人类问题，还是你要促进什么人类经验？
- 在公司行为（在公司内部和外部）中"像人行动"；确保你声称要做的和实际交付的内容之间没有差距。
- 用你的语言和语气"说人话"，避免使用专业术语和企业语言。你说的是受众说话的方式吗？
- 通过视觉来"看人"，它的意义比文字本身更大。

在危机情况下，有些品牌"像人思考"做的是极好的。我在别处谈论过快餐连锁店肯德基（KFC），在这儿也值得一提。因供应链出问题，餐厅的鸡肉快用完时，KFC公司做出了一件不可思议的事情。它对此道歉了，平面广告的标题是《很抱歉》，下面是非常人性化的字眼："一家没

有鸡肉的鸡肉餐厅,这是真的,向我们的客户致以深深的歉意,尤其是那些到店里就餐,发现我们关门的客户。"语言是清晰、朴实和人性化的。

接受不完美并道歉

每个企业都会在某些时刻犯错。卡特莱特认为,如果一个组织承认缺陷并且处理得当,那么人们会接受。他说:"坏消息总会传播。你更愿意谁传达和控制消息——你还是其他不正视真相的人?"卡特莱特曾担任凯奇全球企业实践总监,他每年都会在全球范围内做关于领导力与沟通之间关系的研究,包括询问人们认为领导应该有什么样的特质。

人们一直很看重承认错误和表现同理心的能力。但是,同样重要的是,在危机中采取特定行动解决问题的能力。"企业和其中的人都会犯错。因此,请承认这一点,表现出在意,然后再做一些事情弥补。"他称此为"有效的共情"。"如果你不对此采取行动,同情只是说说而已。它满足了人们了解你的需求,但仅靠这还不够。"

他的下一句话让我感到惊讶:"泰拉·班克斯用了一个好词——'有瑕疵的'。我们不经常使用超模作为危机沟通的榜样,但是为什么不呢?这是一个很棒的名词。承认你的失败,也可以示弱。这会让你有人情味。教皇以'为我祈祷'来开始每一次演讲和布道。这是承认不完美,即使是身居高位的人也是如此。沟通者一直在追求完美,但人们并不完美。"

那么道歉呢?在危机管理中这是一个有争议的问题,我们称其为"S词"——大多数公司,通常会在其法律团队的建议下,不惜一切代价逃避道歉。卡特莱特说:"律师必须谨慎行事。但是,真诚地表达歉意和仅仅对你做了这件事表示抱歉是截然不同的（承担责任）。道歉是人性使然，并且可能成为危机沟通中的关键手段。"

现在，我不是律师，但我相信你可以在不承担任何责任的情况下真诚道歉。举个例子，我与Don't Cry Wolf公司的创始人约翰·布朗谈论S词。交谈中，我告诉他，2016年一场大火烧毁了我的房子，那是一栋老建筑，火势蔓延迅速（幸好没有人受伤）。约翰本能地说道："我很抱歉，那太糟糕了。"我们俩都停下来笑了。他说对不起，是正常人类的反应。"我可以对你说，你的房子被烧毁了，我感到很抱歉。那并不意味着这是我的错——我没有纵火——但我真的很抱歉。"这与卡特莱特一样，他谈论的是"做正确的事"，而不是着眼于是谁的责任。想象一下，你的三个孩子在家等你，但是航班延误了。如果航空公司说："我们送您回家。我们稍后会关心其他事情。"那是在承认他们错了吗？当然不是。意思是："我可以减轻你的痛苦。我不是必须这样做，但是我可以也能够使事情变得更好。我是一个体面的人。我相信你也是一个正派的人。我的首要任务不是指出是谁的过错，而是带你和你的家人回家。"不要从沟通的角度解决危机，而要从人的角度解决危机。你是一个人，你有能力帮助一些处于危机中的人。

有时候，道歉就是正确的选择，即使道歉确实意味着承担责任。瓦哈卡墨西哥餐厅连锁店，由马克·塞尔比和厨艺大师冠军获得者托马西娜·米尔斯创立。2016年，其400多名客户和员工感染了诺如病毒，给企业带来沉重打击。25家餐厅中的18家餐厅暂时关闭，销售额下降了45%。瓦哈卡称，截至2017年6月，该年度亏损480万英镑，而上一年度赢利仅为64万英镑，这在某种程度上归咎于这场危机。

根据《泰晤士报》2018年的报道，律师曾建议塞尔比不要道歉。在接受报纸采访时，他说："即使有风险，我们也必须走出去道歉……如果我们对此不人道，就不会有生意。" 塞尔比和米尔斯给受影响的人亲手写信，甚至在一个婚礼上向生病的人亲自道歉。有时候，仅仅通过是否有人情味就可以判断一个人的领导力。

行动总结：同理心和人情味

1. 利用怀斯曼的四个属性，为你的危机沟通建立一个"同情框架"，即以他人角度看世界；理解他人当前的感受；不挑剔别人；沟通与理解。
2. 积极发展移情能力。练习"广泛聆听"，识别他人的潜在情感，对人好奇，与陌生人进行面对面的交谈。
3. "像人思考"，用卡特莱特的话说：像人思考，像人做事。
4. 承认你的缺陷并说出实情。
5. 道歉。
6. 表现出你的同情心，为受危机影响的人们做正确的事，有时这意味着违背律师的建议。

第十七章
首先要做什么？

在危机中正确处理优先事项

首要之务便是不可伤害

进行危机模拟练习时，大多数参与者做的第一件事，就是考虑媒体（对危机的反应）将如何应对危机。他们会构思媒体声明，预测记者提出的问题。

但是，危机顾问的作用已经远远超出了管理媒体的范围。至少在最初，媒体可能不是最重要的受众。正如邓肯·加拉格尔（Duncan Gallagher）所说的，不要让危机应对措施仅由媒体议程来定义。

毫无疑问，媒体在危机中具有巨大的影响力，它们可以影响政府、监管机构以及人民大众。但是受危机直接影响的人应该是你的首要关注对象，紧随其后的是你的员工、客户、投资者、股东和利益相关者。所有这些人可能对您的生存产生更大的影响，但也将成为危机期间媒体接触的对象。因此，请确保他们拥有所需的信息和支持。

关键的第一个小时

我们谈论的是危机管理中的"黄金时段",也就是危机发生后,起关键性作用的第一个小时。在这段时间里,您需要确定事实、商定战略和行动计划,准备首先作出回应。社交媒体的出现意味着要做出更快的回应,必须承受巨大的压力(脸书建议在15分钟内回复所有搜索查询),除非你已为问题做好计划,提前做好万全准备,否则你就需要承受压力。人们会记住你的第一回应(正如凯特·艾迪在第八章所述),所以花一个小时来搞清来龙去脉,以及找到正确处理办法,十分重要。

启动计划的时间取决于危机的性质。广义上讲,有两种类型的危机。一类危机是意外的、可从外部直接看到的,比如恐怖事件、石油泄漏或飞机失事。还有一类是隐晦的,对于这类事件,你有能力控制公众意识和沟通的时机。例如,如果你知道会有一个公共调查,就可以为调查结果提前做准备。如果你遭遇过信息泄露,你可能会在大众察觉信息泄露之前就知道了。

在制订危机计划时,请考虑两种类型:

1. 意外且立即可见的危机,例如:

   a. 自然灾害;

   b. 公共卫生问题;

   c. 工业或交通事故;

   d. 偶然或恶意污染;

   e. 公司丑闻;

> f. 恐怖袭击；
>
> g. 黑客攻击；
>
> h. 技术故障。
>
> 2. 可预见、但不能立即可见的危机，例如：
>
> a. 公共调查；
>
> b. 数据泄露或盗窃；
>
> c. 监管、财务或税收问题；
>
> d. 内部问题。

危机爆发后，你肯定不想仓促地组建危机团队，也不想与人力资源部门联系，查找成员非工作时间的联系方式。作为危机计划的一部分，你应该已明确团队内的角色分工，并已经提供培训，帮助团队成员了解他们在危机期间的角色所需的技能。提醒他们注意危机。提醒团队成员在危机中各自的角色，明确分工至关重要。（有关组建危机团队的更多详细信息，请参见第二十一章。）

了解事实

不要以为你听到的第一个声音就是危机的真相。走访危机现场，亲自了解事实，听取不同信息源的声音。记住，有些人告诉你的信息是别有用心的（特别是这些人或他们的部门是有罪的时候）。当你进行信息发布时，你必须知道你所说的是无可争辩的事实。

随事态发展不断更新事实

你应该拥有危机团队可以访问的单个事实存储库（有很多技术可以帮助你自动推出新信息，覆盖旧文档，以便不混淆版本控制）。

反复进行事实确认。一旦记录在案，尤其是在社交媒体上发布，就很难纠正。

评估危机的严重性

1943年，加拿大精神病学家麦克迪（JT MacCurdy）出版了《士气结构》一书。书中，他分析了恐惧对士气的影响。他表示，第二次世界大战期间，英国人主要通过宣传或战争电影，就已经做好了遭炸弹轰炸的准备。这两种宣传方式都重点强调了最具毁灭性的影响，比如丧命、财产损坏、生活方式改变等。在电影中，每枚炸弹都击中目标，生存的唯一方式是离开该区域，或躲在庇护所深处。

麦克迪说，1940年在伦敦听到第一声警笛时，人们匆匆躲到防空洞里，不知道炸弹是否真的会出现。他引用朋友的话说："当第一声警笛响起时，我带着孩子们躲到花园的防空洞里。我十分确定我们所有人都会死。但之后，警报解除，什么事情都没有发生。自从我们从防空洞里出来，我就确定没有任何事情能伤害我们。"麦克迪说，这种反应是很典型的。当警笛声变得司空见惯，而且没有炸弹投下的时候，人们会感到无聊，而不是害怕。许多人不再躲到防空洞里，他们开始相信自己不会遭到袭击。

他的研究表明，如果炸弹在人流拥挤的区域爆炸，人们可分为三

第十七章 | 首先要做什么？在危机中正确处理优先事项

大类：

1. 丧命的人。麦克迪表示，社区的士气取决于幸存者的反应，因为尸体不会散布恐慌。

2. 侥幸脱险的人。这些人是在炸弹爆炸区域的人，他们目睹了一场毁灭性的灾难，充满恐惧，并深受其害。

3. 平安无事的人。这些人听到警笛，听到炸弹投下，但不在附近。他们很安全，他们感到兴奋和庆幸，更重要的是，他们觉得自己无懈可击。这就是为什么德国空军轰炸伦敦，本旨在重挫士气，却起到了相反的效果。它使人们具备了"闪电战"精神，坚信自己不会被打败，使得幸存下来的人变得更加勇敢。

一家经历过危机幸存下来的公司（侥幸脱险）可能也会受到冲击。他们会受到影响，改变自己的行为以避免再次发生危机。但是，属于"平安无事"类别的公司，虽然未亲身经历过危机，但或许曾见过同行业其他公司经历危机，而这可能会和幸免于爆炸的伦敦人有同样的感觉，感觉自己无懈可击——我们幸免于难，没有谣言散播，也没有遭受数据泄露。

这是一个危险的信号。相信自己不会遭遇危机，从而低估危机的严重性。如果不依赖自己的直觉，而是根据一系列预先定义的标准，客观地对危机进行分类，那么对于危机是否严重，就会更加现实。仅仅因为过去躲开一颗子弹，并不意味着你会再次躲开。

> **定义危机严重性的标准：**
>
> 1. 当前影响
>
>   a. 受影响人数
>
>   b. 人们的受影响程度和严重度
>
>   c. 当前的财政影响
>
>   d. 当前的声誉影响
>
> 2. 潜在影响
>
>   a. 未来受影响人数
>
>   b. 未来人们的受影响程度和严重度
>
>   c. 未来的财政影响
>
>   d. 未来的声誉影响

定义或再确定危机的战略意图

首先要做的事情之一就是确定危机的战略意图。战略意图是由企业领导层定义的，正如乔纳森·赫姆斯在第十六章中所谈到的，这是高层领导的工作，而不是沟通就能实现的。这是第一要务，因为它将定义以后的每个决定。

赫姆斯说："如果你做好了准备工作，了解了风险形势，就可以确定你面临的最大威胁，并提前准备战略意图。做好准备很有帮助，可以节省宝贵的时间。但是，当危机爆发时，请务必进行测试、验证和重新确认。"

赫姆斯表示，这种战略意图使危机团队重点关注长期的行动方针，而不是为生存，采取短期内最简单、但可能有害的行动方针。他认为："因为危机期间承受的压力，人们倾向于关注短期行动方针，先处理对组织最明显的威胁，但这不一定是最重要的、该优先考虑的事项。"

最严重的危机将对企业产生严重的财务影响，即销售损失、停产损失、罚款或赔偿方案。人们很容易聚焦于基本生存等短期目标，不放眼未来，这就是为什么战略意图很重要。"危机期间的每项行动和决策都将由战略意图决定，这符合公司的最佳长远利益。战略意图为短期观点提供了解药，短期观点虽然可以短期省钱，但从长远来看，有可能使企业损失数十亿美元，"赫姆斯说。

赫姆斯举了一个例子：如果你是制造商，你发现一个受污染的产品，你会怎么做？你怀疑这是个例，你知道关闭生产线的成本非常高。你不愿意遭受财政打击，除非你确定了污染发生的地点和方式。但是，如果你的战略意图是保护客户的健康，停产的决定就变得容易得多了。

1982年，强生公司停止了泰诺胶囊的生产和广告投放，在全国范围内召回产品，并提醒消费者，将所有产品下架。原因是胶囊内含有氰化钾成分，有7人因服用泰诺胶囊致死。泰诺是故意药品污染案的受害者。

强生公司董事长詹姆斯·伯克（James Burke）立即决定，公司应将安全置于利益之上。这个决定虽然在短期内损失了数百万美元，但从长远来看却赢得了消费者的信任，挽救了该品牌的声誉。

强生公司对此事的处理过程是公开、透明的。公司迅速采取行动，召回产品，并警告医院、药店、商店和公众有关风险。为了确保不会再次发生类似事件，强生公司采取行动，设计并生产了防污染新容器，其他制药商纷纷效仿。公司甚至发布悬赏，想要找出药品污染案的元凶（从来没有人因谋杀被起诉）。

暂停，思考

如果你不想情绪化行事，先暂停一下，无论它使你多么不舒服。这会让你大脑有时间理解处理信息，让你可以做出更好的决定。

做出符合公司长远利益的决策需要头脑清晰，有时间思考，而这两个要求在危机中往往是不存在的。

赫姆斯说："很少有危机管理团队在采取行动之前花足够的时间考虑情况和规划。人们觉得最不应该做的事就是思考，但事实上，他们应该这么做！在压力下，你经常会看到高级领导者非常具有战术性，他们会先抽身，从战略上思考。如果领导者所做的一切都是给团队一个明确的战略意图和重点专注领域，那么他们会比参与撰写陈述，或重做15年前工作的相关任务，创造更多的价值。"

启动通信响应

当领导层确定或重新确定战略意图时，沟通团队可以商定他们的初步回应。赫姆斯说，"这两件事可以同时进行。虽然你的第一个陈述会不够具体，但这说明你了解情况，正在调查，会提供更多新信息。它会定位你为相关联，掌握情况，并可根据已掌握信息采取行动的位置。"

不要承诺太多。有了压力，人们很容易说自己会对这场危机负责，保证没有人会赔钱，技术问题会得到解决，以及此类问题不会再发生等。但如果你要做出这样的承诺，最好能兑现，否则你的信誉将严重受损。在你需要建立信任的时候，现在诚实，无论多么令人不快，都比两周后违约要好。

在后台，你应该立即启动社会化聆听和媒体监控，以掌握消费者对危机的反应。你可以考虑不断的投票或更详细的研究来衡量消费者的意见，并追踪他们对危机的反应（更多相关信息详见第20章）。

记住，不要掉入说要更新受众，然后不更新的陷阱之中。即使没有太多想说的，也要提供定期更新。定期更新会让你提前了解情况，减少从想了解所发生情况的人那里获取咨询的数量，并将谣言从其他来源传播的风险降至最低。

不要只关注媒体。媒体很重要，但不是你唯一的通信渠道。尽管你核心信息在所有受众中都是一样的，但可以针对不同的渠道进行调整。你在Twitter上回复他人的话不会与你对媒体所说的话完全相同。

思考你的沟通渠道。你的利益相关者最有可能在哪里看到或听到你的回应？调整你不同渠道的回应，记住他们都有世界各地的受众。如果你有一家跨国公司，而你公司的产品召回只影响英国，请确保在每次沟通都清楚说明了这一点。始终为你的回应提供背景信息。

采取行动

正如阿德里安·惠勒（Adrian Wheeler）所说（第15章），"做点什么。"在危机中，人们会根据你做了什么，而不是你说了什么，来评判你。创建一个侧重于以下两件事的计划：

1. 照顾受危机影响的人。

2. 正确解决危机的根本原因。

告诉受众你在这两个方面的作为。

记住你的员工

我们很容易忘记危机中的员工，只关注外部受众。但其实，你的员工将站在危机最前线，回答利益相关者和媒体的问题，与亲朋好友谈论工作以外的情况。他们要么是支持你渡过危机、捍卫你声誉的人，要么是损害它的人。

在与媒体对话之前，他们应该是你在危机中最早通知的一批人。最糟糕的就是让员工从媒体上听到影响公司的负面信息。要让你的员工实时了解事情的变化和发展，尽可能与他们进行面对面的交流，简要介绍情况，不论问题有多困难，鼓励领导团队的高级成员为他们答疑解惑。聆听他们的声音，也许有人能够为你的危机、沟通策略以及危机是如何引发等问题，提供有价值的见解。

提醒员工、承包商和自由职业者在危机中对公司的职责。他们应该被告知关于公司可以说什么和不可以说什么的准则，尤其是在社交媒体上。通常来说，如果人们对发生的事情感到不安，就会很容易对错误的人说错误的话，做错误的事。最严重的情况是，他们很可能会成为新闻工作者的目标，未受过媒体培训的员工是新闻工作者获取独家新闻的重要渠道。我之前工作的一家公司有非常详尽的危机计划，但是在危机爆发的那天，一位普通接待员生病了，公司不得不雇用一名临时替补人员，而这名替补人员是最先和一位国家报纸新闻记者谈到严重事件的人,她没有收到发生事件的简报,肆无忌惮地谈论起她听到的谣言(都是不准确的),而破除谣言花了很多不必要的时间。

检查计划的所有营销活动

2012年,安大略省举办的电台司令音乐会舞台坍塌,造成1人死亡,多人受伤。主办方Live Nation发了一条推文宣布音乐会已取消。之后不久,Live Nation的推特账户上传了一条预设的推文,上面写着"帮我们从节目中建一个相册!分享你今晚节目的Ins照片……"

始终根据危机检查计划的营销活动是否适当。

根据公司价值观行事

危机不是传递公司信息的时候,而是展示公司价值的时候。在这本书的其他章节,我写过危机中透明度和说实话的重要性,以及开始重塑信任的关键步骤,包括诚实、承担责任和道歉。

危机结束后,人们会因你的所作所为而记住你,而这将定义未来几年人们对你的看法。

综述：黄金时刻

1. 组建团队。

2. 了解事实。

3. 根据预定标准评估危机严重性，使自己更客观。

4. 定义或重新确定危机的战略意图。

5. 启动初始通信响应。

6. 建设社交倾听和危机监控以评估受众情绪，定期检查此类信息。

7. 媒体以外的沟通：记住自己的员工、合作伙伴、供应商、利益相关者和公共受众。

8. 通过所有渠道进行沟通；不要仅依靠媒体来传达信息。

9. 采取直接行动：制定计划照顾受害者，纠正根本的错误。

10. 定期更新解决问题的办法。

11. 检查预定的营销活动是否合适。

12. 根据公司价值观行事。

第十八章
善用人群

利用影响者和拥护者来缓解危机：斯科特·古特里的访谈

> 如果影响者与你的品牌相关，人们会向他们询问有关你的问题。无论你是否愿意，它们都是你的危机计划的一部分。
>
> 斯科特·古特里

在第三章，我采访了影响者营销顾问、作家和评论员斯科特·古特里（Scott Guthrie），以帮助我定义影响者营销。在本章中，我请他跟我谈谈品牌是否可以在危机情况下与影响者合作，以及如果可以，最佳做法可能是什么样的。（如前章节，我所说的影响者是指那些真正有能力改变他人观点和行为，而不仅仅是拥有大量社交媒体粉丝的人。）

他建议公司"不仅在需要朋友时结交朋友，在不需要朋友时也要结交朋友"。在危机情况下，你可能需要了解你品牌，可以帮助你迅速传达信息的人。很多时候，影响者在危机中都被遗忘了。但是，正如古特里所说，如果他们与你的品牌有联系，他们就会被问到与你有关的问题。确保影响者拥有所需的信息，以便回应他们的粉丝。

我问了古特里七个大问题：

1. 在危机情况下，品牌如何与影响者合作？

2. 危机中，影响者何时有用，何时又会成为阻碍？

3. 品牌在危机情况下应如何通过其影响者进行沟通？在危机情况下，品牌应该只利用已有联系的影响者，还是让新影响者也发挥作用？

4. 作为危机计划的一部分，是否应让品牌影响者了解危机的重要性？

5. 在危机情况下，品牌能否并且是否应该尝试控制影响者的言论？有什么后果吗？

6. 在危机期间以及危机之后，作为恢复计划的一部分，品牌如何通过与影响者合作来建立信任？

7. 危机期间，通过影响者和品牌拥护者进行交流的方式是否有区别？

在危机情况下，品牌如何与影响者合作？

两者之间的合作可能会产生细微差别，但是为了从品牌和影响者之间的有效合作关系中获得最佳结果，这种关系应该是长期的，以互惠互利为基础的。的确，在危机时期，品牌可以从与影响者的合作中受益，但前提是两者已经建立了积极的合作关系。

斯科特·古特里说，危机期间，社交媒体的影响者可以在以下四个方面发挥关键作用：

1. 品牌人性化。

2. 以真实的声音进行交流。

3. 社群聆听——建立在线论坛小组，了解品牌受众对危机的看法。

4. 为品牌赢得信任，通过相关的第三方渠道进行沟通，帮助品牌沟通透明化。

社交媒体影响者之所以具有影响力，是因为他们始终能创造吸引眼球的内容，不仅与观众观念相一致，还能促使他们行动起来。创作者们知道自己粉丝喜欢什么、关心什么。他们倾听粉丝的反馈，通过回应评论与粉丝互动。他们分析已发帖子的数据，创造更多粉丝喜欢的内容。

"影响者"通常与"品牌拥护者"不能互换使用，但影响是中立的。影响者是变革的推动者，他们遭受的伤害可能与他们对品牌事业提供的帮助一样多。拥护者是支持者，通常是客户，对品牌或产品的评价很高，但他们不一定拥有影响力。因此，在没有危机的情况下，品牌应寻求与对其公司和产品有亲和力的影响者合作。

不管喜欢与否，如果一位影响者已经与一个品牌有了关联，那么他们已经是危机管理规划中的一部分了。他们的粉丝（以及网上任何感兴趣的人，无论是积极的还是其他的兴趣）都可能对危机情况提出问题或发表评论。

对于具有影响力的专家，无论他们以前是否是品牌的付费代言人，人们都有可能求助于他们来咨询当前的情况。

危机中，影响者何时有用，何时又会成为阻碍？

当品牌制定了危机管理回应计划时，影响者会非常有用。但品牌应意识到影响者是品牌的倡导者，而不是品牌员工。品牌应与影响者合作，快速、真实地与目标受众沟通，确保他们了解你正在如何解决问题，并鼓励他们在处理任何与危机相关的信息时，使用自己真实的声音（真诚发声）。

当影响者与品牌建立现有的、可信赖的关系时，他们最有用。危机管理的本质是速度。试图识别、选择和招募新的影响力者，然后向他们介绍如何将关键信息传达给粉丝，这应是一种常态。毕竟，你不应只在溺水之后才想起来学游泳。

但是，请记住，影响者是中立的。他们是变革的推动者，会形成或改变人们各种观点，以及改变行为。因此，他们遭受的伤害可能与他们对品牌事业提供的帮助一样多。

在危机情况下，消除主题专家和其他影响者的负面情绪同样重要。这需要了解在危机情况下，谁在谈论你的品牌，以及他们围绕你品牌发布的内容，然后为他们提供有关情况和发展进度等事实，包括时间表，以纠正这种情况。

品牌在危机情况下应如何通过其影响者进行沟通？在危机情况下，品牌应该只利用已有联系的影响者，还是让新影响者也发挥作用？

为你的品牌识别、选择，审查和招聘最合适的影响者需要花费大量时间。招聘是根据受众规模、影响者内容与受众共鸣的比率，影响者受众与品牌目标受众之间的重叠，以及主观衡量的量化指标的组合。影响者与你的品牌具有相同的价值观吗？他们的语气与你的音色相称吗？他们与你的产品有共同的亲和力吗？他们总是及时出现或在截止日期前制作内容？基于以上原因，你应该与已有关联的影响者合作。

有句古老的格言：在需要朋友之前要先有朋友。澳大利亚前总理约翰·霍华德（John Howard）用另一种方式说，"你不能在市场交易日养猪。"这也是品牌和影响者之间建立长期互利关系如此重要的另一个原因。在危机来临之前，与影响者建立牢固可靠的关系是十分重要的。避免

善用人群　利用影响者和拥护者来缓解危机：斯科特·古特里的访谈　| 第十八章 |

只为了应对负面情况，就引入一波新的影响者。相反，利用现有关系专注于强大的沟通目标和社交活动。

即使如此，你还应该听听所有提及你品牌的网络对话。你需要找到产生影响的异议者，并通过向他们提供有关情况的及时、准确事实，以及品牌想要纠正这种情况的预期解决方案来消除他们的负面情绪。

影响者不应不回复任何评论或私信，沟通者需要有一个周密的回应规划。基本回应可以由影响者处理，更复杂的回应可以用URL链接跳转到品牌有的"常见问题解答"登录页面，而对于负面、愤怒的帖子或复杂的问题，请进行线下对话。

作为危机计划的一部分，是否应让品牌影响者了解公司危机的重要性？

不管喜欢与否，如果一位影响者已经与某个品牌建立了联系，那么影响者就已经成为危机管理计划的一部分。他们的粉丝（以及一般的网络社区）可能会通过私信或新闻推送的评论区来提问和评论。

品牌绝对需要让其影响者充分了解情况，确保他们知道你正在如何解决这种情况，并鼓励他们在处理任何与危机相关的消息时使用自己真实的声音。

向他们简要介绍已发生的情况，介绍你为补救这种情况正在计划的内容，以及进行补救的时间规划，你的信息要尽可能透明，以获得影响者的信任。相应地，他们也会赢得消费者的信任。

让影响者参与危机处理全过程，会让他们的受众放心，认为品牌行动的每一步都是顾客至上的。

有效危机管理的实质是速度。品牌必须有影响者的详细联络方式。这可能有利于在内部培养与影响者的关系，而不是通过机构保持正常商业关系。

在危机情况下，品牌能否并且是否应该尝试控制影响者的言论？有什么后果吗？

对于影响者来说，将品牌的危机讯息"转化"为他们自己的声音，至关重要。影响者带给品牌及其受众的价值在于，他们可以使品牌人性化，并为危机情况增添一层真实性和透明度。

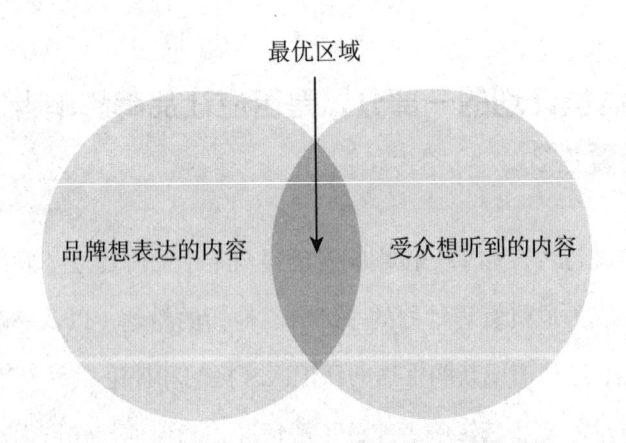

图8　影响者的技能是将品牌的关键信息转化为富有创意的内容，与影响者受众产生共鸣，迫使他们采取行动

请记住，影响者是品牌的合作伙伴，不是员工。使用创造性的简报来概述应传达的关键信息，而不是未经整理的分析，照搬他人的文稿。

| 第十八章 | 善用人群 利用影响者和拥护者来缓解危机：斯科特·古特里的访谈

在危机期间以及危机之后，作为恢复计划的一部分，品牌如何通过与影响者合作来建立信任？

在后真相时代，作为消费者，我们是持怀疑态度的。我们对新闻业、政客和大品牌都失去了信心。但是，我们确实信任像我们一样的人，我们认为社交媒体的影响者就是这类人。我们认为自己与他们有关联，我们信任他们。这些现象都使得他们在危机时期拥有强大的声音。在考虑听取品牌官方代言人的意见之前，我们更有可能向像我们这样的人寻求建议。

直接由真人，而不是有公司背景的发言人传递的消息更加真实。这种真实性意味着它更有机会与受众取得共鸣。

危机后影响者博客、油管和Instagram上传的视频或文章可以帮助你用相关的、最新的积极品牌内容填充引擎搜索结果。将这种方法与数字广告进行比较，如果沟通者购买了一则广告，媒体支出用完，广告就会被撤除，但影响者的内容通常会永久保留在网上，而且进行相关搜索时也会重新出现。

危机期间，通过影响者和品牌拥护者进行沟通的方式是否有区别？

如上文所述，"社交媒体影响者"和"品牌拥护者"这两词不应互换使用。在正常工作期间，品牌应该与社交媒体影响者合作，他们通常是品牌倡导者，对品牌有亲和力的人。这样会使影响者制作的内容更真实，影响者也将始终与其受众一起通过"气味测试"。换句话说，影响者的受众会立即知道品牌是否适合他们。如果不适合，影响者将被打上叛徒的标签。他们的粉丝也会脱粉、取关。如果失去了受众，你也就失去了影响力。

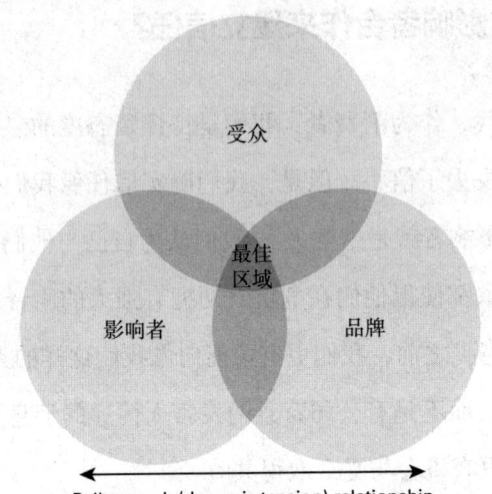

```
                    受众



              最佳
              区域

    影响者            品牌


    ←——————————————→
    Pull vs push (dynamic tension) relationship
```

图9　为了处于最佳区域，影响者创作的内容应真实，与观众保持一致并满足品牌要求

在危机时期，品牌应该与现有的品牌代言人合作，努力将事实迅速、真实地传递给关键受众。但是，品牌还需要找出在网络上有影响力的人，他们正在积极讨论危机形势，并设法通过向他们提供事实和解决方案来消除负面情绪。

对内容发表的快速周转需求可能会使内容制作不够精良，消息传递的类型也将有所不同——从销售产品到回答问题，以及帮助恢复信任等。

综述：在危机中与影响者一起工作

1. 危机中影响者可以通过以下措施为品牌提供帮助：使品牌人性化，帮助品牌以真实的声音进行交流，社交倾听，赢得信任。

2. 将影响者纳入到危机计划过程中。

3. 考虑危机对每个影响者的影响以及可能带来的风险。

4. 在危机期间，仅与已建立联系的影响者一起工作。

5. 在危机中与影响者一起工作，不要指望他们仅是你的代言人（他们也有自己的品牌和受众要考虑）。

6. 倾听危机期间与品牌有关的所有对话，包括影响者与粉丝之间的对话。

7. 整个危机过程中，始终让影响者参与并了解形势。

8. 作为恢复计划的一部分，考虑在危机结束后与影响者共同创作内容，重塑信任。

第十九章
科技在危机管理中的作用

利用预测分析、社交倾听、搜索数据和洞察力

预测危机

公元62年2月5日，意大利南部的坎帕尼亚大区发生了一场地震，震中位于那不勒斯湾一座富裕的旅游城市庞贝。地震摧毁了该市大部分用木材、砖块和石头建成的房屋。庞贝古城是富人建造度假别墅的热门城镇，其宜人的气候、肥沃的土壤和香醇的葡萄酒都使它成为田园诗般的度假胜地。但地震使城中的上层精英惴惴不安，那些经济实力较好的居民永远离开了小镇。在之后的15年时间里，一波又一波来此定居的人重建了庞贝古城，其中大部分是商人，古城繁荣的经济和穿越海湾的贸易线吸引他们来到这里，生活恢复如初。

公元79年8月22日，在庞贝城海湾对面的米赛诺海角，罗马舰队舰长老普林尼注意到酒杯中的酒在动，他以为这是一次轻微的地震，没什么不寻常，因为那年夏天已发生过几次了。但之后不久，他听说该地区断水了，一条主水渠发生了故障，附近还有人声称闻到了特别的硫磺味，而这都预示着之后三天难以想象的破坏和混乱。维苏威火山在庞贝和赫库兰尼

姆喷发，首次涌出两米半的浮石。

许多人因掉落的岩石丧生，但还有一些人在黑暗中成功脱险。维苏威火山停止喷发后，一些庞贝人回到城市，收集贵重物品，看看他们的房子是否塌陷。

但火山喷停后，是无情的火山碎屑涌浪，一种快速移动的有毒气体、灰烬和岩石混合物，摧毁了它沿途经过的一切。据估计，有2000人丧生，并被火山掩埋。

尽管公元62年地震后，许多因经济条件无法离开的人仍会对地面震动感到十分担忧，但他们并不知道地震和火山喷发之间的联系。也有其他迹象预示着灾难的到来：火山爆发一个世纪后，历史学家卡西乌斯·迪奥（Cassius Dio）报告称，在火山爆发前，有巨人出没的不祥征兆，这些巨人被视为火山爆发的预兆（这种景象可能是由维苏威火山口中逸出的气体造成的）。

预测或追踪灾难

现今的预测要比发现巨人出没更具科学性，但原则仍然是，如果可以发现早期迹象，也许就可以避免（至少是减少）问题的影响。

政府和公司使用人工智能来识别数据模式并预测事件风险，比如环境灾难、气候变化或人口变化等相关问题。这些数据的理解不仅可以影响政策和预算，还可以用来发现和避免危害。

在医学上，从社交媒体、搜索引擎和手机记录中提取的数据可以用于预测疾病传播。2014年，健康地图（HealthMap）——一种健康数据绘制工具，从社交媒体和当地新闻报道中收集的数据表明，一种新的"出血热"正在传播。9天后，埃博拉病毒由世界卫生组织正式确认。

卫生组织依靠大数据，包括来自社交媒体的数据，来发现和分析流感爆发、食物中毒等疾病对公共卫生的威胁。根据《政府技术》杂志2015年的报道，芝加哥公共卫生部使用推特来发现食物中毒病例，他们会以此检查相关餐馆，并在情况恶化之前采取行动。同样，纽约市卫生和心理卫生部门使用Yelp（美国最大点评网站）来审查确认食物中毒事件。

这些信息也可以追踪公众情绪的变化。健康地图联合创始人、哈佛医学院儿科副教授约翰·布朗斯坦（John Brownstein）表示，利用从社交媒体、博客、新闻网站和论坛收集的数据可以汇总正在发生的事情，也可以帮助创建他称之为"情境感知"的东西，即一个事件对公众舆论的影响。"理解公众的看法和讯息，以及政府根据民众反应完善沟通方式等事情，是有价值的……利用社交媒体来了解人们的态度和信念是非常有效的，"他在2015年1月接受《政府科技》采访时如是说。

预测人类行为

这种以数据为主，认识人们态度和行为的方式，有助于发现新出现的问题，并及早介入。2013年，微软研究院的技术研究员兼董事埃里克·霍维茨（Eric Horvitz）分析了社交和网络媒体的数据，想要找到有助于确认有产后抑郁风险母亲的语言和行为模式，依据这种模式可以提前介入人们的生活，帮助那些需要帮助的人。

脸书通过分析我们发贴的内容、频率和使用的语言，来确定我们何时开始确立关系，何时坠入爱河，以及何时分手。研究表明，在恋爱关系公开之前的日子里，恋人更频繁地在对方的墙上发帖；在恋爱初期，发帖数量急剧下降，尽管所发内容会比平时更积极；分手后，发帖数量激增，分手后一段时间内的双方互动次数会增加50%至75%。

当然，这样的信息对营销人员来说是凤毛麟角的。预测分析是利用过去的数据来预测未来结果的一种做法，它通常在企业中用于预测事件，例如制造中的机器故障、商业模型（如金融服务中的信用模型）、资源配置（基于犯罪数据的监管）、客户价值，当然还可以用来推动市场营销决策。最简单的市场营销预测分析实践，就是根据你同类人的购物偏好，向你推荐商品的亚马逊。以脸书为例，它不仅可以预测你可能喜欢的东西（或人），而且可以预测你的行为方式。在市场营销中，这意味着能够在最佳时间、以最佳方式为你提供产品信息。在危机情况下，这可能意味着预期和避免风险，或者理解人们可能应对困境的方法。这可以让你使用直接连接、付费的社交媒体，付费或有机搜索作为交流组合的一部分，在正确的时间、正确的渠道，来传递正确的消息。

和其他事情一样，预测分析的准确性依赖于其使用的数据（以及数据建模假设）。管理科学与信息技术专业教授托马斯·达文波特（Thomas Davenport）2014年在《哈佛商业评论》撰写的文章中指出，预测模型之所以无效，未能预见2008至2009年的金融危机，是因为该模型的基本假设是房价会继续上涨，有抵押贷款的人能够继续偿还贷款。而谷歌的流感预测追踪器项目（Google Flu Trends），因未能预测2011年至2013年之间的重大流感爆发，在2015年被放弃（其背后的想法是获取与流感有关的搜索数据，准确预测流感的流行率）。

但是，如果基本假设是正确的，预测分析可以通过分析行为模式以及该行为中各因素之间的关系，来检测风险。为了避免危机，你必须意识到即将来临的危机。社交媒体倾听、情感分析、新闻监控、洞察客户情感背后的意图，以及搜索量激增等数据，都可以用来发现异常活动，预示着即将出现的问题。如果可以将此与预测分析相结合，预测问题的可能结果以及人们对此的反应，你将拥有功能强大的危机缓解工具。他人的数据也可以预测问题。例如，如果竞争者的新营销活动遭到了人们的强烈抵制，那么这些数据对预测你自己的客户在类似情况下回应你的态度是非常宝贵的，有备无患。

使用人工智能（AI）进行危机规划和风险缓解

斯蒂芬·沃丁顿（Stephen Waddington）是营销和传播机构Metia的传播顾问、作家、讲师和英国医学博士，他2014年曾任职英国特许公共关系研究院（CIPR）的主席，之后与该研究院合作启动了AIinPR项目，这是一份众包模式的倡议，旨在鼓励公关行业在规划、管理和分析公关活动影响方面，采用和接受AI。

我问他AI技术在危机中扮演什么角色，品牌使用AI减轻风险的潜力是什么。沃斯顿说："人们炒作说机器人会抢走我们的工作，但实际上它们会帮我们更好地完成工作。它们会给我们提供数据来了解受众的行为，同时它们也是更智能的警报装置。"

我们还谈到用预测分析来了解、监控公众情绪，以及早发现问题。沃斯顿表示："在地理围栏和定位数据等领域确实取得了一些有趣的进展。新闻编辑部正利用多种工具来创建在线聊天的热点地图。一连串的帖子会告诉记者事件发生的地点，以便他们进行调查。"如果处于问题中心的企业没有做同样的事情，新闻编辑部就会取得先发优势。如果新闻记者可以实时知道事件的发生地，他们很可能在企业意识到之前就到达了现场。

沃丁顿说，确保数据有效的关键是查看不同的数据源。"我们着迷推特，它的确是一个很好的信息源，但也需要与其他数据相关联。查看你从组织现场获得的信息。如果你的品牌出现了产品问题，你听到问题出现的第一位置应该是客服中心。首先查看你的内部信息源。"

危机期间：了解公众的反应

持续监控与分析

危机期间，持续监控会让你了解公众对危机的看法，但不要依靠单一渠道来理解、把控全局。沃丁顿说："推特上关于某一问题的说法有很多，而且似乎噪音量也会使一个品牌蒙受损失。当然，从公关的角度来看，噪声量会产生影响，但由于社交和搜索数据，我们现在能做的就是，从更广泛的角度看待人们讨论问题的微妙差别。"

沃丁顿建议合并社交媒体、搜索引擎和客服中心的数据，细分这些数据，以了解实际情况。他说："你可以弄清人们对一个主题的真正想法，然后查看它的子集。以移民为例，这是一个比较微妙的问题。从表面上看，这个国家持有反移民的立场。但是，如果你深入了解社区中有关技能或国民健康服务的对话，他们会告诉你一些不同的信息。商业智能工具可以帮助品牌理解大规模对话，按类型汇集对话，提供影响品牌的关键利益相关者、个人或组织等信息。品牌还可以用它来理解重要客户关心的话题，可以决定自己关心的内容，需要回应的内容，以及可以忽略的内容。"

民意调查与分析

2005年8月，卡特里娜飓风侵袭后，《今日美国》和盖洛普民意测试公司进行了一项民意调查，调查发现，大多数美国人不满意联邦政府对这场灾难的处理。65%的人认为布什总统的反应"太慢"，而70%的人认为联邦应急管理局（FEMA）的处理不完备。

危机期间进行民意调查是一种十分有效的方法，它可以评估公众情绪，衡量公众对你危机处理的满意度，也可以用作基准，比较你在社交媒体上听取的信息。社交媒体的反应是否能真实反映人们的感受？你的客户感受如何？民意调查可以评估他人接收你消息和语音的方法，衡量代言人与受众的联系程度以及判断公众是否认为你关心此问题等。及时进行民意调查，根据这一情报，可以优化危机应对措施。

社交倾听

监视关键词或主题标签，识别潜在问题。不要仅监视自己的品牌名称，危机可能并不是从你开始的，还有可能来自竞争对手、供应商、合作伙伴、拥护者或影响者，他们正在做的或在谈论的，都可能会对你的行业产生负面影响。

跟踪：

·线上聊天增加，可能预示出现了新问题。

·情绪和公众情绪。如果你主页上的负面评论比平时多，请调查原因。危机期间和危机之后，跟踪公众对危机的反应以及对你品牌的反应。

·跟踪所有渠道，不仅仅是新闻和社交媒体。危机可以在任何地方爆发。

·追踪客户的通信渠道，包括论坛、博客和搜索数据的变化，以及任何可能发现早期预警信号的渠道。

·影响者是指影响公众话题的人，而话题的内容可能会影响你的品牌。他们可能是普通大众、新闻工作者、倡导者或其他评论员。

综述：在危机管理中运用技术

1. 利用社交倾听、搜索分析和客服中心数据，及早发现重大问题，并利用预测分析来预测危机的可能结果。

2. 结合来自社交媒体、客服中心、新闻、搜索引擎和其他可利用的渠道数据，跟踪危机期间公众的反应。

3. 细分数据，了解在不同社区中对话的微妙区别。

4. 危机期间和危机之后继续分析数据，并以此完善你的应对措施。

5. 将定期民意投票作为工具，了解你的危机处理如何与主要受众取得共鸣。

第二十章
准备、执行和分析危机应对措施的实用步骤

本特兰分析公司（Pentland Analytics，一家战略咨询公司）的创始董事黛博拉·普瑞提（Deborah Pretty）博士说："加大在准备、演练以及风险监控方面的投资，让管理层可以尽早地了解情况。这已不再是一种奢侈，它在危机发生时会带来回报。"2018年，她与保险公司Aon.1合作。在研究报告系列的第三篇文章《网络时代的声誉风险》中，她谈到了危机对公司价值的影响（她在1993年曾做过类似的研究）。她2018年的研究发现，在重大危机事件发生后的一年中，公司会平均损失5%的股东价值。但是报告也指出，这个数字"掩盖了各个公司在声誉危机后，恢复价值的能力存在着显著差异"。

普瑞提的研究表明，危机过后，公司会划分为两个不同的群组，"获胜组"和"失败组"。获胜组的表现超出危机前的预期，危机发生一年后，价值平均增长20%，而失败组价值平均损失近30%。

阶段3
全危机阶段：控制损失

阶段2
前驱阶段：
危机是不可避免的

阶段4
恢复阶段：
危机的长尾效应

阶段1
危机前：规划

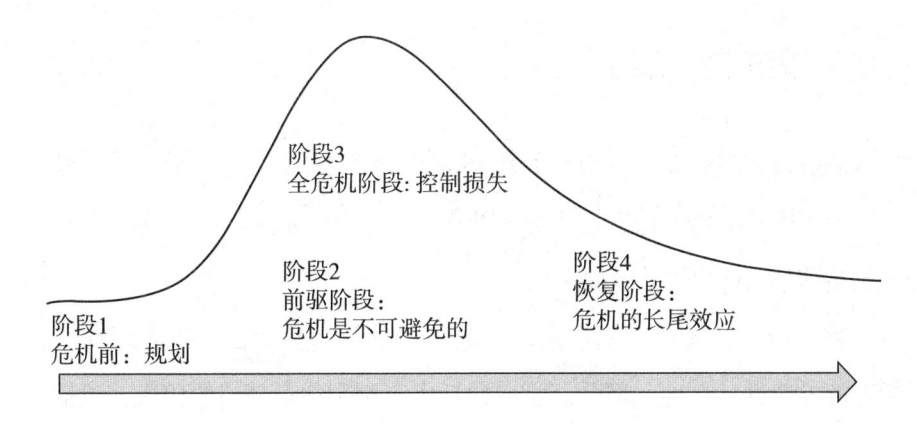

图10　危机的不同阶段

值得注意的是，这些价值比2000年的大约翻了一倍，普瑞提称之为"后社会媒体世界"的结果。她在报告中说道，这种转变"可以归因于社交媒体、技术和当代文化的力量"，主要集中在两个领域：

1. 危机沟通必须"不仅是迅速的，而且是即时的、全球的"，正如普瑞提所说："社交媒体是无情的。"

2. 文化期望的转变。普瑞提表示，公司应"为自己犯下的错误赎罪，而且要非常明显"。

可以将危机分为四个阶段：

1. 危机前，规划。

2. 前驱阶段，此时危机是不可避免的。

3. 全危机阶段，此阶段你应将重点放在控制损失上。

4. 恢复阶段，注意危机的长尾效应。

在以下各节中，我将介绍可以用来准备、执行和分析危机应对措施的步骤。

1. 危机前：规划

危机计划看似是一项艰巨的任务，但实际上并非如此。最重要的是要有一个明确的结构、详细的计划，以及切实有用的升级和决策层。

步骤1：壮大危机团队

第一步是壮大你的危机团队。这可能已成为你运营危机管理计划，或业务连续性计划的一部分。它应包括来自整个业务部门的代表，包括领导团队、人力资源部、法律部、风险合规部、内部沟通部、公关部、市场部、技术部、社交媒体部、客服部，以及其他负责管理危机并与内、外部受众进行沟通的人。明确每个人的角色和任务，谁有权执行危机计划，谁负责最终决策——你不会希望委员会作决定的。

对于组织内问题出现的部门，团队可以根据每次危机不断进行优化。为每个职能任命决策者。之后，一旦完成第2步的情景规划，你就可以确定在不同类型情况下（数据泄露、公司丑闻、工业事故等），引发危机的人。

步骤2：情景规划

与你的危机团队一起，想出尽可能所有会对公司声誉产生负面影响的情景。同样，该工作的大部分内容，可能是作为运营危机计划或业务连续性计划的一部分完成的。根据我的经验，沟通团队总是会提供更多的信息，他们倾向于根据品牌和消费者行为的观念，考虑长期声誉风险，而不是考虑短期内会损害业务的功能性问题（比如服务中断等）。

首先按类型分类这些方案，然后再按公司声誉的受威胁程度，进行分类。将重点更集中在威胁程度上，不要太担心问题类型之间清晰的分界线，一定会有交叉。数据泄露，如果只影响少数人，不会将任何财务信息

准备、执行和分析危机应对措施的实用步骤 | 第二十章 |

置于危险境地，但如果暴露了成千上万客户的个人和财务数据，将是截然不同的威胁。

各家公司都用许多不同的方式来预防这种事情的发生。有些人协同处理共享文档；有些人则与壮大的危机团队一起举办研讨会，这些研讨会在各个市场都是可以效仿的。我个人更喜欢采用研讨会的方法，虽然会很麻烦，但是只需要每个人集中精力几个小时，就可以完成工作。

一定要留出一些余地，让你彻底避免突然发生、未曾计划到的危机。如果你的危机计划更关注危机造成的危害，而不是类别，那么你的计划需要更灵活。当发现新危机时，你可以评估它可能造成的潜在危害，将其归入恰当威胁级别的危机计划中，采取相应的行动。

你可以按照以下形式，构建情景规划：

威胁等级：4（最高等级）

- 潜在破坏：可能会破坏企业长期运营能力的事件。
- 示例：

　　灾难性的数据泄露；

　　影响公共卫生的问题；

　　涉及生命安全的事故；

　　全球服务中断；

根据你的不同级别，依此类推。

步骤3：对通过业务操作可避免发生的危机提出建议

评估所有情景，并找出情景影响最小、甚至完全避免规避的业务操作。这本应该是2017年国家卫生局吸取的教训。2017年，国家安全局遭遇勒索病毒"Wannacry"的袭击，产生了完全破坏性的影响。

2017年5月12日，英国卫生与社会保障部收到消息，四家国民保健署信托基金（NHS trusts）受到勒索软件攻击，他们的IT系统（影响医院和诊所运作的系统）被黑客攻陷，黑客提出以赎金换系统的正常运作。当天下午，袭击蔓延到16家信托公司，此次黑客侵袭成为重大网络安全事件。一周内，600多个NHS、附属组织和80家医院的信托受到了影响，上万人取消了自己的会诊预约。

国家审计署的一份报告称，此次危机本是可以预防的。NHS并未为这场危机做好充分的准备，仅仅只要维护IT系统，修补和更新安全软件，就可以预防危机的发生。

无论是你已经经历过的危机，还是行业中其他人经历过的危机，从类似的危机中汲取教训，不断更新系统，避免二次危机。据报道，Wannacry袭击事件发生一年后，尽管NHS的安全性有了很大提升，但仍然容易受到网络攻击。

步骤4：针对不同危机级别商定行动

如果在真正陷入危机（这比你想像的要普遍得多）之前，你未能升级危机计划就陷入危机，或者采取了更糟的行动，情况变得比原本更糟。正如丽莎·巴内特在第九章中跟我讨论的那样，了解常态的特征是什么，整个危机的特征是什么，然后为每个级别定义适当的级别操作。这可能还包括有关指导不采取任何措施的情况，但同时，要密切关注问题以监控问题升级的时机。

步骤5：制定危机沟通计划

业务连续性计划将考虑业务的运作方式。但是它如何沟通呢？将你的沟通计划整合到业务连续性和运营危机计划中。

第二十章 | 准备、执行和分析危机应对措施的实用步骤

最基本的计划应包括：

・所有危机团队的联系方式，包括备份非工作电话和邮件，以防一个或多个团队成员失去联系。我见过不止一个危机计划，都仅列出了与主管团队联系的一种方式：办公时间的电话号码或工作电子邮件。

・明确界定权限和指挥链，包括个人角色和职责，以及每种角色的多名副手，以确保在任何需要的时候，都可以随时接任。

・清晰的危机计划启动和升级过程。每个员工都应该知道发现潜在威胁的方法和应上报的对象。"我觉得这有点奇怪，但我不知道该怎么处理"，这句话让危机团队头皮发麻。在团队中，要有一群人有权启动危机计划。他们应该是更广泛危机团队的一部分，应该可以通过线型管理结构，与任何可能发现危机的人取得联系。启动危机计划可以很简单，就像给危机负责人打电话一样，负责人可以向危机团队发送一条（安全）消息，"我们处于危机2级，已启动计划"。这个过程应包括可以决定在凌晨三点叫醒度假CEO的人选。不是每个人都愿意这么做，但如果它在你的计划中，就会很容易做出决定。

・明确的决策过程，包括最终对决策负责的人选（领导者）。

・在正常工作时间外所需的所有相关访问信息，建筑物、社交媒体账户和网站等。

・制定重大危机发生后前24小时的详细行动计划。

・审批流程（请参见下文）。

・批准的声明模板，以加快审批速度。此处包括在社交媒体上公开回应他人的针对性陈述方法指南。你的企业媒体声明可能无法在脸书上有效传播。

・战略意图声明和公司价值观，让决策制定更容易。

- 语气准则。在危机期间,你会经常发现公司的沟通语气会与日常不同。公司把自己努力对公众保持开放、参与和透明的地方(尤其是在社交媒体上),突然间关闭了,变得过于公司化、法律化,说话一板一眼。这都是会带来损害的。举例说明你可以公开使用的单词和短语,你会发现并非推特上的每条消息都必须经过律师的批准,而且你也没有时间去获批。

- 事实和数据。掌握有关业务的所有事实和数据。你需要了解各类信息,比如全球各业务点的员工数量、团队规模等。在危机到来之前不要忘记,如果不知道拥有的员工数,你在确认危机事实的时候就会很吃力。

- 指导。如何启动危机监控和社交倾听、如何联系外部机构、如何访问自己的网站和社交媒体账户,这些都是危机期间你需要的实用信息。

- 接触重要的外部联系人,安排员工负责在危机的不同阶段与不同外部联系人联系。这些联系人包括客户、投资者、股东、员工、合作伙伴、供应商、代理商、承包商、媒体和影响者。

- 制定任务完成检查表。危机管理必须依照表格,尽可能遵循流程,减轻危机团队压力。

所有这些信息均应安全保存,并遵守相关数据法规。

步骤6:简化审批流程

我曾共事的一位律师告诉我,她必须起草97份只有两行的危机持有声明。声明的批准过程花了将近两天时间,由于发布的太迟,已无济于事。这是一个极端的例子,但并不如你想象的那样不寻常。让每个需要批准声明的人联系密切,在理想情况下,获得尽可能多的预先批准。

步骤7:训练团队,开展模拟危机演练

即使危机计划非常完备,但如果你的团队不知道如何使用它,计划将毫无用处。定期举办危机计划培训(这会带来额外好处,比如可以检查计划，发现计划中的任何不足）。

现实模拟预演危机处理，测试你的计划和流程，给团队建立肌肉记忆，更好地应对危机（正如我们在第十三和十四章中讨论过的）。大多数危机组织建议每年演练两次，增强肌肉记忆力，克服"战斗、逃跑或僵住不动"等潜意识反射。

步骤8：定期修改和更新计划

计划只有持续更新，才能一直保持完备优秀。如果其中包含太多旧信息，计划就不会有太大帮助。定期（至少每年一次）对其进行审查。

注意事项

考虑备份计划。如果核心团队成员生病或被调走怎么办？又或者成员乘飞机时爆发危机怎么办？

如果所有系统都崩溃了，你会如何通信？拥有公司网络以外的可访问通信系统。但是，有个很明显的问题，要确保安全。我相信，有人看到这一定会笑着说："我的危机计划当然是安全的。"如果真是如此，那就太好了。在一次危机沟通会议上，我遇到了一位可爱的、业务能力非常厉害的女士，她在一家家喻户晓的公司工作。她告诉我，如果发生危机，她可以联系到团队内的任何成员，而且用手机就可以处理整个危机，我对此印象深刻。当我问她访问所有信息的安全系统时，她从手提包里掏出钱包，钱包里有一张折叠式卡片，上面有她危机小组每个成员的私人电话、电子邮件地址和家庭座机电话，有访问公司社交媒体账户和网站的详细方法，以及公司危机计划的摘要。有时候，黑客的梦想就是你的危机计划本身，一场正在酝酿的危机。

> **避免常见陷阱：为危机做准备**
>
> - 没有尽早倾听公众情绪。倾听公众声音可以帮助你及早发现一些问题，完全避免危机。
> - 无法使用复杂的危机计划。
> - 一页通俗易懂的文档比100页行话和复杂结构更有价值。
> - 无法在办公时间以外安全访问你的计划（更不用说启动）。你需要确保计划可访问，并危机小组保持24小时可联系。
> - 不培训团队执行如何根据危机计划行动，不进行彩排，也不进行逼真的危机模拟来测试你的危机计划和团队。
> - 不协调团队。我曾与多个品牌合作过，在这些品牌中，脸书有营销，推特有公关，但危机期间，这两个品牌却无法沟通。

2. 前驱阶段

在前驱阶段，你会看到危机的早期现象，如果避免不掉，危机就会发生。（前驱是一个医学用词，表示疾病的早期症状。在危机中你不总是从此次危机中受益的，如果你从中受益了，请妥善利用。）

这是危机来临之前的喘息时间，你可以唤醒自己的肌肉记忆和启动危机计划，更加集中处理第十五章中概述的优先事项。

回顾一下：

- 暂停，呼吸，想想行动方针。
- 组建核心团队，提醒团队成员各自的角色和责任。
- 迅速了解危机的事实。

- 定义或重新批准危机的战略意图。
- 评估危机的严重程度，并根据危机计划进行规划。
- 随危机形势发展，为情况恶化做准备。
- 准备好初步通信回应。
- 向每个需要了解形势的人简要汇报。
- 考虑预先简报媒体，未雨绸缪。
- 规划通信策略和危机陈述。
- 建立社交倾听和监控，定期评审公众情绪。
- 不断评估危机的变化，了解启动完整计划的时机。

避免常见陷阱：前驱阶段

- 无视酿造中的危机。如果你知道危机即将来临，未雨绸缪。
- 自己讲故事总是比别人讲更好。
- 剥夺最了解受众和利益相关者团队的控制权。这在上市公司中尤为常见。在上市公司中，首个危机迹象一旦出现，一个中央团队就会从地方团队手中夺走所有控制权。与受危机波及者不熟的人会在错误的时区、用错误的语言处理危机。来自全球总部的中央团队想要管理股东关系，协调全球回应并承担最终责任，我都理解。让你的中央团队参与制定策略、指导回应，支持本地团队都是正确的，但你也应该信任地方员工可以发挥自己的作用，完成自己的任务。
- 危机可能会转移焦点，良好的社会倾听或意见调查可以帮你解决不断变化的问题。

3. 全危机阶段：损失控制

这是危机中最艰难的时期，齐心协力，万众一心。但从许多方面来看，这个时期也可能是最简单的，是从优良计划中收获成果的时候。全危机阶段并不是你完善危机计划的时候，此时你有更重要的事情要做（我们都经历过）。需要记住的关键操作包括：

· 启动整个危机计划。

· 定期重组核心危机团队（应对最严重的危机，每小时左右签到一次，记录在危机计划中），检查操作、公众情绪和沟通策略。调整和优化。

· 倾听、理解他人对你的评论。了解受害者正在经历的事情，现在你不仅要处理事实，还要处理恐惧、沮丧、背叛、悲伤和愤怒，以此为依据审查公司声明。

· 大声朗读你的陈述。想象一下，你正在直接与其中一位受害者交流，如果他们听到你的话，会感觉如何？

· 协调你与机构、供应商、合作伙伴以及任何可能会被征询意见，或卷入危机者的回应。

· 回应口径一致。不要被迫说出并非本意的话。

· 保持冷静。你会有压力，请定期休息，照顾好自己和团队。如果可以，请定期更换团队，尤其是那些在社交媒体上直接与公众打交道的团队，因为处理大量的情绪会令人难以置信地精疲力竭。

· 定期调换团队，保持团队活力和更好的处理力。

· 与各渠道中想介入的人沟通。大多数团队会试着在线下回应，但是线上回答各渠道消费者或利益相关者的问题会更有效。

· 一起工作。即使你正处于压力之中，花几分钟时间把整个团队召集

第二十章 | 准备、执行和分析危机应对措施的实用步骤

在一起，分享经验、相互支持、完善策略，也是值得的。

- 回应错误信息和谣言。始终陈述事实。

避免常见陷阱：全危机应对

- 将危机应对措施分类，重点关注现在业务的连续性，而不是会让你六个月内交易的公司声誉。
- 做一些自己不喜欢的事情来应对压力，做出无法兑现的承诺，以及充满愤怒地回应。
- 用过于公司化、漠不关心的语气沟通。
- 使用大多数人不理解的语言。没有人知道（或关心）你行业认证标准的含义，用组织外部人可以理解的简单语言说话。
- 仅关注媒体，不关注其他外部渠道（包括社交媒体）。
- 无法根据受众或渠道调整陈述。在危机期间，一系列缺乏同情心的公司声明会抹除在社交媒体上为建立积极参与做出的所有努力。
- 只回答那些简单的问题。虽然有些问题会很棘手，但是，如果你只回应那些夸奖你的人，那么人们会认为你是在逃避问题。
- 参加无法获胜的辩论。这通常是因为团队很累，没有做出明智的决定。
- 没有提供陈述的背景信息（时间、地点等）。截屏推文是一种普遍操作，而且很简单，未来几个月里，人们会反复使用截图。
- 不回应错误消息和谣言。
- 拒绝与渠道上的人交谈，这会使你团队的业务量翻倍。
- 不能封锁危机信息，即使问题已平息，也要告诉人们问题解决的时间。

4. 恢复阶段

大多数危机会影响很久，几个月甚至几年可能都无法恢复正常，但你仍需要继续经营。不要以为你可以直接恢复到危机爆发前的状况（第九章）。

认真分析危机发展的过程、危机团队的表现，以及流程检验的方式。总体而言，危机处理成功了吗？学到了什么？可以避免吗？会再次发生吗？不要等到下一场危机才记住这次危机出现的问题。

在恢复阶段，将营销精力集中在重塑信任上。弥补发生的事情，在最严重的危机中（例如第十七章提到的泰诺），你会永远与事件联系在一起。但你不会希望它成为唯一可讨论的内容。改变行为，确保不再发生，而危机不仅不会决定公司声誉，还会被视为一种催化剂，会产生积极变化。

避免常见陷阱：全危机应对

1. 认为危机平息就是危机结束。数月来，你可能都在社交媒体上处理与危机相关的查询和评论。
2. 不认真分析危机发展的过程。透明的危机评估过程可以帮你完善计划，避免未来发生危机。